Mini Sweets

HÄDECKE

Fiona Pearce

Mini Sweets

Kekse, Kuchen und Gebäck auf einen Biss

IMPRESSUM

Die englische Originalausgabe erschien 2014 unter dem Titel "Treat Petites" bei Ivy Press Ltd, Lewes.
© für den Text der englischen Ausgabe: Fiona Pearce, 2014
© für Design und Layout der englischen Ausgabe: Ivy Press Ltd, 2014
© für die deutsche Ausgabe: Hädecke Verlag GmbH & Co. KG, Weil der Stadt, 2014
Fotos: Sian Irvine und Clive Streeter · *Design:* Simon Daley
Übersetzung aus dem Englischen: Birgit van der Avoort
Lektorat der deutschen Ausgabe: Johanna Gaebel · *Redaktion:* nvsg
Gestaltung der deutschen Ausgabe: Julia Graff, Hädecke Verlag, unter Verwendung der Cassia (Hoftype),
Brandon Grotesque (HvD Fonts) und Alana (Laura Worthington)

Printed in China 2014
4 3 2 1 | 2017 2016 2015 2014
ISBN 978-3-7750-0675-0

Neue Rezeptideen und weitere Infos rund um unser Buchprogramm finden Sie unter
www.haedecke-verlag.de und **www.mizzis-kuechenblock.de**

HINWEISE UND ABKÜRZUNGEN

Die Temperaturangaben dieses Buches sind in °C (Grad Celsius) angegeben. Bei der Zubereitung im Backofen ist die Temperatur eines Elektroherds mit normaler Ober- und Unterhitze gemeint. Bei Umluft kann sich die Zeit verkürzen, für Gasherde bitte die Angaben des Geräteherstellers beachten. Die für die Zubereitung genannten Zeitangaben sind Circaangaben und können je nach Fertigkeit variieren.
Es werden Eier der Größe M (mittelgroß), Güteklasse A verwendet.
Die Löffelangaben beziehen sich, soweit nicht anders vermerkt, immer auf das gestrichene Maß. Teelöffel ergeben 5 ml, Esslöffel ergeben 15 ml Inhalt.

EL = Esslöffel	**ml** = Milliliter ($1/_{1000}$ l)	**g** = Gramm	**°C** = Grad Celsius
TL = Teelöffel	**Trp** = Tropfen	**cm** = Zentimeter	**Ø** = Durchmesser
geh. = gehäuft	**ca.** = circa	**mm** = Millimeter ($1/_{10}$ cm)	**Min.** = Minuten
			Sek. = Sekunden

Inhalt

Klitzekleine Schokoladen-Eclairs, köstliche Mini-Törtchen und knopfgroße Macarons versprühen den Charme von *Alice im Wunderland*... All diese Miniatur-Köstlichkeiten sind blitzschnell im Mund verschwunden. Da überrascht es nicht, dass die Mini-Versionen der beliebten Kuchen und Desserts voll im Trend liegen und die feinen Pariser Patisserien und New Yorker Bäckereien im Sturm erobern. Diese Mini-Desserts sind süß im doppelten Sinn und lassen sich ohne allzu viel Reue genießen! In jedem Kapitel finden Sie bezauberndes und köstliches Kleingebäck, das Sie zu Hause problemlos nachbacken können. Servieren Sie die hübschen Mini-Torten zum Nachmittagstee oder verwöhnen Sie Ihre Gäste mit verlockenden Hors d'Œuvres auf der Cocktail-Party – Sie können aus 52 Rezepten wählen. Die süßen Winzigkeiten lassen sich mit einfachen Backutensilien zubereiten und in jedem Kapitel finden sich praktische Tipps für die perfekte Umsetzung. Grundrezepte für bekannte Kuchen mit Baiser oder Mürbeteig sind ebenfalls aufgeführt. Mit dieser Grundlage können Sie auch spielend Ihre eigenen Kreationen erschaffen.

Backgrundausstattung

Sie brauchen keine schicken Küchengeräte, um diese winzigen Köstlichkeiten zu zaubern. Einige Grundutensilien sind jedoch äußerst praktisch. Sie erleichtern Ihnen das Backen und sorgen für professionelle Backergebnisse.

AUSSTECHFORMEN

Runde Ausstecher (2,5–5 cm ∅) sind ideal, um Biskuitböden, winzige Kekse und Teigkreise auszustechen.

ELEKTRISCHES HANDRÜHRGERÄT

Es muss nicht gleich die große Küchenmaschine sein. Ein normales elektrisches Handrührgerät reicht völlig, um die kleinen Köstlichkeiten zu zaubern.

KEKS-AUSSTECHFORMEN

Kleine Ausstechformen aus Metall gibt es in allen Größen und Formen. Mit ihnen lassen sich die Winzlinge problemlos ausstechen. Wählen Sie je nach Jahreszeit entsprechende Motive.

TARTELETTE-FORMEN

Mini-Tartelette-Formen (etwa 2,5–5 cm ∅) sehen nicht nur süß aus, sondern eignen sich perfekt für mundgerechte Tartelettes (Torteletts).

SIEB

Teige und Cremes werden lockerer und gleichmäßiger, wenn Sie Mehl und Puderzucker sieben.

SPATEL/PALETTENMESSER

Mit einem kleinen Spatel oder Palettenmesser lassen sich Cremes und Glasuren super verstreichen.

SPRITZBEUTEL

Einmal-Spritzbeutel oder wiederverwendbare Spritzbeutel mit entsprechenden Spritztüllen eignen sich zum Aufspritzen von Glasuren, Füllungen und Brandteig.

SPRITZTÜLLEN

Für Baisers, Füllungen, Glasuren oder filigrane Brandteigformen gibt es Spritztüllen in verschiedenen Größen. Für die Rezepte in diesem Buch können Sie kleine runde oder sternförmige Spritztüllen (möglichst nicht größer als 1 cm ∅) verwenden.

SPRITZFLASCHEN

Diese kleinen Plastikflaschen sind praktisch für die Zubereitung von Blinis oder Mini-Pfannkuchen. Damit lässt sich eine genau dosierte Teigmenge aufspritzen. Sie sind auch ideal zum Überziehen von Gebäck mit Zuckerglasur.

BACKBLECHE

Legen Sie Backbleche vor dem Backen mit Backpapier aus, damit sich die Backwaren gut vom Blech lösen lassen.

MINI-BACKFORMEN

Fast alle Formen gibt es auch in XXS, in verschiedenen Designs und Größen. Für einige Rezepte in diesem Buch können Sie beispielsweise kleine Madeleine- und Muffinbleche verwenden. Aus Silikonformen lässt sich das Gebäck leichter auslösen.

BACKPINSEL ODER MINI-BACKPINSEL

Damit können Sie vor dem Backen Eiweiß auf dem Teig verteilen und zum Dekorieren essbaren Glanzpuder oder Blattgold auftragen.

TEIGROLLE

Gute Dienste leistet eine Antihaft-Teigrolle (z. B. aus Silikon) zum Ausrollen von Knetteig oder süßem Mürbeteig.

Biskuits

Biskuits

Biskuitböden sind die Grundlage Ihres Back-repertoires. Mit einem fertigen klassischen Biskuit können Sie im Handumdrehen wundervolle kleine Süßigkeiten zaubern.

Vanille-Biskuit

Für dieses Rezept benötigen Sie nicht viel Zeit. Das Ergebnis ist ein leichter, luftiger Vanille-Biskuit.

für 2 runde Backformen (20 cm Ø) oder 2 Backformen (18 × 18 cm) oder 2 Backbleche (30 × 20 cm)

225 g weiche Butter
200 g + 2 EL extrafeiner Zucker*
5 Eier, 225 g Mehl
3 ½ TL Backpulver
1 TL Vanilleextrakt**
Butter für die Form

1 Backofen auf 180 °C vorheizen. Boden und Seiten von zwei Backformen oder -blechen mit Butter einpinseln und mit Backpapier auslegen.
2 Mit dem elektrischen Handrührgerät alle Zutaten bei mittlerer Stufe zu einem lockeren Teig verrühren.
3 Teig in die vorbereiteten Formen füllen, mit einem Spatel gleichmäßig verstreichen.
4 Im vorgeheizten Backofen 25 Min. (oder 15 Min. für kleine flache Backbleche) auf der mittleren Schiene backen, bis der Biskuit gleichmäßig aufgegangen ist. Die Stäbchenprobe machen: An einem hineingesteckten Holzspieß darf nichts mehr kleben bleiben.
5 Biskuitböden in der Form 5 Min. abkühlen lassen. Dann auf ein Kuchengitter stürzen und vollständig abkühlen lassen.

TIPPS

Mehl zweimal sieben, um Luft unterzumischen und Klümpchen zu entfernen. So wird der Biskuit schön locker.
Auf keinen Fall während der Backzeit die Backofentür neugierig öffnen – durch die kalte Luft könnte der Kuchen zusammenfallen.

AROMA HINZUFÜGEN

Es gibt zahlreiche Möglichkeiten, den Vanille-Biskuit zusätzlich zu aromatisieren:
Zitrone Die fein abgeriebene Schale und den Saft einer halben unbehandelten Bio-Zitrone untermischen.
Schokolade Ersetzen Sie 70 g Mehl durch gesiebtes ungesüßtes Kakaopulver zum Backen von guter Qualität.
Kaffee Rühren Sie 3 EL kalten starken Espresso oder starken schwarzen Kaffee unter den Teig.

Vanille-Buttercreme

Mit einigen Spatelstrichen wird der Biskuit zum Hingucker. Dazu brauchen Sie nur ein einfaches Rezept für Buttercreme. Geben Sie etwas Aroma oder Farbe zu und kreieren Sie Ihre individuelle Festtagstorte.

175 g weiche Butter
350 g Puderzucker, gesiebt
2 EL aufgekochtes Wasser, abgekühlt
1 TL Vanilleextrakt

1 Mit dem elektrischen Handrührgerät alle Zutaten mindestens 5 Min. zu einer lockeren, fluffigen Masse schlagen. Zunächst auf niedriger Stufe rühren, damit der Puderzucker sich nicht in der ganzen Küche verteilt, dann die Rührgeschwindigkeit langsam erhöhen.

TIPP

Die Rührschüssel während des Rührens der Buttercreme mit einem feuchten sauberen Küchentuch abdecken, damit der Puderzucker nicht herausstaubt.

---

* Extrafeiner Zucker löst sich besser als normaler Kristallzucker (der zur Not aber auch geht).

** Vanilleextrakt wird aus natürlichen Rohstoffen gewonnen und ist deutlich geschmacksintensiver als Vanillezucker. 1 TL Vanilleextrakt kann man durch das Mark einer Vanillestange oder durch 1 Pck. Vanillezucker ersetzen

Mini-Schichttorte

In Großbritannien wird er meist unter der Bezeichnung Victoria Sandwich *angeboten, es gibt aber weltweit Varianten dieses Biskuitfavoriten. Die kleinen Biskuitböden sind hier locker gebacken und mit Vanille fein aromatisiert. Sie werden genau wie ihre großen Schwestern mit Schlagsahne, Himbeer-Rosenwasser-Konfitüre und frischen Früchten gefüllt.*

1 Für die Konfitüre den Backofen auf 150 °C vorheizen und einen Unterteller zum Kühlen in den Kühlschrank stellen. Den Zucker auf einem mit Backpapier ausgelegten Backblech verteilen und 10 Min. im Backofen erwärmen.

2 Inzwischen die Himbeeren in einem Topf langsam erhitzen und dann 5 Min. aufkochen lassen. Topf vom Herd nehmen, erwärmten Zucker und Rosenwasser dazugeben. Mischung bei geringer Temperatur verrühren, bis sich der Zucker vollständig aufgelöst hat. Masse erneut zum Kochen bringen und 10 Min. kochen lassen, bis die Konfitüre geliert. Zum Testen etwas von der Konfitüre auf den gekühlten Unterteller geben, einige Minuten stehen lassen und dann mit dem Finger eindrücken. Wenn die Oberfläche faltig wird, ist die Konfitüre fertig. Ansonsten zurück in den Topf geben und nochmals 1–2 Min. kochen lassen. Erneut den Geliertest machen.

3 Sobald die Masse anfängt zu gelieren, Konfitüre in sterilisierte* Schraubgläser füllen, dabei oben einen 1 cm breiten Rand aussparen. Die Konfitüre geliert vollends, während sie abkühlt. Im Kühlschrank hält sie sich einige Wochen.

4 Für die Füllung Sahne mit Zucker und Vanilleextrakt steif schlagen.

5 Zum Zusammensetzen der Torte mit einer Ausstechform (4–5 cm Ø) aus dem Biskuit 48 Scheiben ausstechen. Die Hälfte der Biskuitscheiben dünn mit Marmelade bestreichen und etwas von der Schlagsahne darauf verteilen. Klein geschnittene Himbeeren auf der Sahne anrichten, zweiten Biskuit aufsetzen. Oberseite der Torten vor dem Servieren fein mit Puderzucker bestäuben.

für 24 Stück

2 Vanille-Biskuits, jeweils auf einem Backblech gebacken (30 × 20 cm, s. S. 13)

HIMBEER-ROSENWASSER-KONFITÜRE

600 g Kristallzucker

500 g frische Himbeeren, gewaschen und abgetropft

2 TL Rosenwasser (Apotheke)

FÜLLUNG

300 ml Sahne

1 EL Puderzucker

½ TL Vanilleextrakt

100 g frische Himbeeren, gewaschen und geviertelt

Puderzucker zum Bestäuben

TATSÄCHLICHE GRÖSSE

* Die Gläser und Deckel mit heißem Wasser abspülen, damit sie vollständig sauber sind. Dann beides in einen Topf legen und diesen mit Wasser füllen, bis die Gläser vollständig bedeckt sind. Das Wasser aufkochen und 15 Minuten kochen lassen. Die Gläser zum Trocknen auf Küchenpapier stellen.

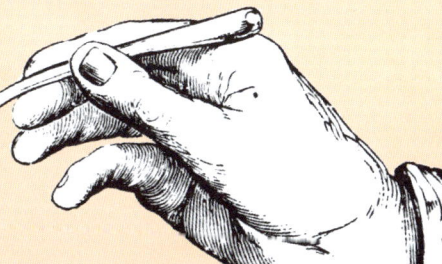

Petit Fours in Pastell

Die feinen Biskuittörtchen bekommen eine glänzende Glasur in Rosa und Lavendel und als i-Tüpfelchen noch ein winziges Schokodetail. Auf feinstem Porzellan sehen sie köstlich aus und schmecken mindestens genauso edel.

für 64 Stück

1 Vanille-Biskuit (20 cm Ø, s. S. 13)

1 Rezeptmenge Vanille-Butter-creme (s. S. 13)

---

4 EL Aprikosenkonfitüre, leicht erwärmt

---

300 g Marzipan

---

100 g dunkle Schokolade, Kakao-anteil mind. 70 %, zum Deko-rieren (nach Belieben)

GLASUR

225 g Puderzucker, gesiebt

2–3 EL Wasser

---

1 TL Vanilleextrakt (oder anderes Aroma, nach Belieben)

---

rosa und hellblaue Lebensmittelfarbe

TATSÄCHLICHE GRÖSSE

1 Biskuit in der Mitte waagerecht durchschneiden. Eine Hälfte in Folie einwickeln und auf Vorrat einfrieren. Restlichen Biskuit nochmals waagerecht in zwei 1 cm dicke Böden schneiden. Unteren Boden dünn mit Buttercreme bestreichen. Am besten gelingt das mit einem Spatel. Oberen Boden auf die Buttercreme setzen. Oberseite und Seiten des Biskuits mit warmer Konfitüre einpinseln.

2 Mit einem Rollstab das Marzipan 3 mm dick ausrollen. Platte vorsichtig auf den Kuchen legen, an den Seiten mit der Hand oder einem Kuchenglätter sanft herunterdrücken, damit das Marzipan fest am Kuchen haftet. Mit einem Messer das Marzipan zuschnei-den, damit es nicht an den Rändern überhängt. Mit einem scharfen Messer 2,5 × 2,5 cm große Quadrate im Marzipan markieren. Biskuit für mindestens eine Stunde zum Festwerden in den Kühlschrank stellen.

3 In der Zwischenzeit für die Glasur Zucker, Wasser, Vanilleextrakt und ein wenig rosa Lebensmittelfarbe in einer Schüssel verrühren, bis ein glatter Zuckerguss entsteht. Sollte er noch zu fest sein, trop-fenweise Wasser hinzufügen. Je nach Belieben die Hälfte der Glasur rosa einfärben.

4 Biskuit aus dem Kühlschrank nehmen und an den Markierungen in 2,5 × 2,5 cm große Vierecke schneiden. Jeden Biskuitwürfel mit einer Pralinengabel über die Schüssel mit Glasur halten und mit einem Löffel etwas Glasur über den Würfel geben. Dabei überschüssige Glasur in die Schüssel tropfen lassen. Für einen Lavendelton ein paar Tropfen hellblaue Lebensmittelfarbe unter die rosa Glasur mi-schen. Mit dieser nun die restlichen Würfel überziehen. Würfel auf einem Kuchengitter abkühlen lassen und anschließend in kleine Papierförmchen setzen. Die Petit Fours halten sich in einem luftdicht verschlossenen Behälter etwa drei Tage.

EXTRA

Nach Belieben kleine Schokomotive herstellen. Dazu die Schokolade schmelzen und in eine entsprechende Silikonform gießen. Sobald die Motive fest geworden sind, diese aus der Form nehmen. Dazu die Form etwas biegen. Die Schokoplättchen auf die leicht angetrocknete Glasur setzen (s. S. 41).

Earl-Grey-Madeleines mit Honig-Orangen-Glasur

Diese Klassiker können Sie in allen Mini-Förmchen backen, aber für die typische lange Form empfehle ich Ihnen Madeleine-Formen. Diese gibt es im Fachhandel oder im Internet. Ein Biss in den fein mit Tee aromatisierten Biskuit in knuspriger Honigglasur und Sie wähnen sich in einem typisch französischen Straßencafé...

1 Teeblätter im Mörser zu feinem Puder zerstoßen. Zucker mit den Fingerspitzen untermischen.

2 Eier und den mit Tee aromatisierten Zucker verrühren, bis die Masse schaumig ist und sich ihr Volumen verdoppelt hat. Nach und nach das mit Backpulver vermischte Mehl und Salz hinzufügen und alles zu einem glatten Teig verarbeiten. Vanilleextrakt untermischen, zerlassene Butter hineingeben. Teig mit Frischhaltefolie abdecken und mindestens zwei Stunden im Kühlschrank kalt stellen. So kann sich das Gluten im Mehl setzen und die Madeleines werden beim Backen schön locker.

3 Backofen auf 180 °C vorheizen. Kleine Madeleine-Formen mit zerlassener Butter einpinseln.

4 In jede Mulde des Madeleine-Blechs etwa einen Teelöffel Teig füllen. Die Mulde sollte zu zwei Dritteln gefüllt sein. (Restlichen Teig bis zum Backen wieder kühl stellen.) Gefülltes Blech 10 Min. in den Kühlschrank stellen. Anschließend die Madeleines 4 Min. auf der mittleren Schiene im vorgeheizten Backofen backen, bis sie gut aufgegangen sind und sich an den Rändern von der Form lösen. Madeleines auf einem Kuchengitter vollständig auskühlen lassen.

5 Für die Glasur Zucker, Honig und Orangensaft in einer Schüssel gut verrühren. Abgeriebene Orangenschale untermischen und alles zu einer glatten Masse rühren. Abgekühltes Gebäck vorsichtig in die Glasur tauchen, mit etwas Orangenschale bestreuen und zum Trocknen auf Backpapier legen.

für 48 Stück

3 EL loser Earl-Grey-Tee
100 g extrafeiner Zucker
3 Eier
100 g Mehl
½ TL Backpulver
1 Prise Salz
1 TL Vanilleextrakt
75 g Butter, zerlassen und abgekühlt
Butter für die Form

HONIG-ORANGEN-GLASUR

60 g Puderzucker, gesiebt
1 TL Honig
2 EL Orangensaft, frisch gepresst
1 TL Orangenschale, fein abgerieben
etwas abgeriebene Orangenschale zum Dekorieren

TATSÄCHLICHE GRÖSSE

Festliche Schokotörtchen

Genueser Biskuit ist ideal für diese Schichttörtchen. Die federleichten Arrangements werden aus dünnen Biskuitböden geschnitten, anschließend geschichtet und von einer Erdbeer-Buttercreme gekrönt. Die Creme spritzen Sie mit einer Sterntülle auf. So wirkt die Dekoration besonders edel.

für 8 Stück

50 g Mehl
35 g ungesüßtes Kakaopulver zum Backen
5 Eier
100 g extrafeiner Zucker
50 g zerlassene heiße Butter
Zuckerblumen oder -streusel zum Dekorieren
Butter für die Form

ERDBEER-BUTTERCREME

2 EL Erdbeerkonfitüre
1 Rezeptmenge Vanille-Buttercreme (s. S. 13)
rosa Lebensmittelfarbe (nach Belieben)

TATSÄCHLICHE GRÖSSE

1 Für die Erdbeer-Buttercreme die Konfitüre mit der Buttercreme glatt rühren. Nach Belieben noch 1 Trp. rosa Lebensmittelfarbe zugeben. So wird die Creme schön pastellig. Creme in einen Spritzbeutel mit kleiner Sterntülle füllen, beiseitelegen.

2 Für den Genueser Schokoladen-Biskuit den Backofen auf 160 °C vorheizen. Eine 20 × 20 cm große Backform mit Butter einfetten und mit Backpapier auslegen. Mehl und Kakaopulver dreimal sieben und beiseitestellen. Eier in einer großen Metallschüssel aufschlagen und mit dem Zucker verquirlen. Schüssel über einen kleinen Topf mit siedendem Wasser stellen und die Ei-Zucker-Masse über dem Wasserbad bei mittlerer bis geringer Hitze aufschlagen, bis sie warm und schaumig ist.

3 Schüssel vom Topf nehmen und die schaumige Masse mit dem elektrischen Handrührgerät auf höchster Stufe rühren, bis die Bläschen sich auflösen und die Masse ihr Volumen nahezu verdreifacht hat. Nach und nach Rührgeschwindigkeit reduzieren, noch 1 Min. weiterrühren. So wird der Kuchen beim Backen schön locker.

4 Die Hälfte der Mehlmischung in die Schüssel geben und vorsichtig unterheben. Restliche Mehlmischung hinzufügen und alles rasch zu einem glatten Teig verarbeiten. Dabei nicht zu viel rühren.

5 Etwa ein Drittel des Kuchenteigs zur zerlassenen Butter in eine saubere Schüssel geben. Mit einem kleinen Spatel die Butter unter den Teig mischen. Diese Mischung zurück in den Kuchenteig geben und vorsichtig unterheben. Kuchenteig in die vorbereitete Backform füllen. Form leicht schwenken, damit sich der Teig gleichmäßig verteilt. Zusätzlich mit der Form noch einige Male auf die Arbeitsfläche klopfen, damit sich die Luftbläschen auflösen.

6 Im vorgeheizten Backofen 15–20 Minuten auf der mittleren Schiene backen, bis der Kuchen bei leichter Berührung wieder hochspringt und an einem in die Kuchenmitte hineingesteckten Holzspieß nichts kleben bleibt. Biskuit vollständig abkühlen lassen.

7 Zum Zusammensetzen der Kuchen 16 runde Biskuitböden mit einem runden Ausstecher (4 cm Ø) ausstechen. Buttercreme auf die Hälfte der Biskuitscheiben spritzen, dann jeweils einen weiteren runden Biskuit auflegen. Auf der Oberseite der Törtchen Buttercreme kreisförmig aufspritzen. Zum Schluss nach Belieben mit den Zuckerblumen oder -streuseln verzieren.

Zitronen-Brioches mit Pink-Grapefruit-Sirup

Die extravaganten Zitronen-Biskuittörtchen werden in Mini-Brioche-Formen gebacken und erhalten so ihre hübsche Form. Nach dem Backen werden sie in süßen Grapefruit-Zitronen-Sirup eingeweicht und am besten auf Canapé-Löffeln oder in Mini-Schälchen mit einem Teelöffel serviert. Damit können Sie auch den letzten feinen Tropfen auslöffeln.

1 Backofen auf 180 °C vorheizen und 24 Mini-Brioche-Formen großzügig mit Butter einpinseln. Förmchen auf ein Backblech setzen. Mit dem elektrischen Handrührgerät Butter und Eier locker und schaumig rühren. Mehl und Backpulver in die Mischung sieben, fein abgeriebenen Zitronen- und Grapefruitschalen unterheben.

2 Teig auf die vorbereiteten Mini-Formen verteilen und anschließend im vorgeheizten Backofen 15 Minuten auf der mittleren Schiene backen, bis die Mini-Brioches goldgelb sind und bei Berührung leicht nachgeben. Die Küchlein noch 5 Min. in der Form, anschließend auf dem Kuchengitter vollständig abkühlen lassen.

3 Für den Sirup mit einem Gemüseschäler lange Zesten von der Schale der Zitrone und der Grapefruit abziehen. Mit einem kleinen Messer die weiße Haut von der Schale entfernen. Schale in feine Streifen schneiden und in kochendem Wasser kurz blanchieren. Dann in einem Topf mit dem Zitronen- und Grapefruitsaft und dem Zucker mischen. Sirup aufkochen und bei starker Hitze etwa 2 Min. weiterkochen lassen, bis die Schale transparent wird. Sirup abkühlen lassen und über die Brioches verteilen. Die Küchlein vor dem Servieren mit feinen Streifen von Zitronen- oder Grapefruitschale dekorieren.

für 24 Stück

55 g weiche Butter
60 g extrafeiner Zucker
2 Eier
60 g Mehl
1½ TL Backpulver
1 unbehandelte Bio-Zitrone, Schalenabrieb
1 unbehandelte Pink Bio-Grapefruit, Schalenabrieb
Butter für die Form

PINK-GRAPEFRUIT-SIRUP

1 unbehandelte Bio-Zitrone
½ unbehandelte Pink Bio-Grapefruit
5 EL Zitronensaft, frisch gepresst
5 EL Grapefruitsaft, frisch gepresst
200 g extrafeiner Zucker
feine Streifen von Zitronen- und Grapefruitzesten zum Dekorieren (nach Belieben)

TATSÄCHLICHE GRÖSSE

Baisers

Baisers

Diese luftige Masse wird aus sehr steif geschlagenem Eiweiß und Zucker zubereitet. Die meisten Menschen denken bei Baiser an die gewellten Spitzen auf einer klassischen Zitronen-Baiser-Torte oder an Meringen. Aber die Eiweißmasse lässt sich mit dem Spritzbeutel auch wunderbar zu beliebigen Formen spritzen. Nach dem Backen sind süße Baisernester die perfekte Unterlage für köstliche Füllungen.

Grundrezept

100 g Eiweiß
100 g extrafeiner Zucker
1 TL Vanilleextrakt
100 g Puderzucker, gesiebt

Mit einem elektrischen Handrührgerät Eiweiß zunächst auf niedriger Stufe schlagen, bis sich kleine Bläschen formen. Dann die Rührgeschwindigkeit erhöhen und die Eiweißmasse auf höchster Stufe schlagen, bis der Eischnee feste Spitzen bildet. Zucker löffelweise unterrühren, bis er komplett aufgelöst ist. Baisermasse mit den Fingern testen: Wenn sie sich noch körnig anfühlt, einige Minuten weiterrühren, bis die Mischung ganz glatt ist. Vanilleextrakt dazugeben, dann mit dem Spatel nach und nach gesiebten Puderzucker unterheben. Die Masse sollte nun schön glänzend sein. Baiser auf ein mit Backpapier ausgelegtes Backblech in beliebige Formen spritzen und im Backofen bei 110 °C langsam auf der unteren Schiene backen, bis sie getrocknet sind. Bei kleinen Baisers dauert das etwa eine Stunde, bei größeren Baisernestern bis zu drei Stunden.

TIPPS

Baisermasse immer nur mit sauberen Backutensilien zubereiten. Schon kleine Spuren von Fett in der Rührschüssel oder an anderen Utensilien können die Konsistenz und das Volumen des Baisers verändern. Fett haftet an Plastik, daher empfiehlt es sich, eine Glas- oder Metallschüssel zu benutzen. Kleinste Rückstände von Eigelb verderben jedes Baiser. Widerstehen Sie der Versuchung, Eigelb mit den Fingern aus der Schüssel zu entfernen. Eventuell lässt es sich mit einem Stück Eierschale oder einem Wattestäbchen herausfischen. Am einfachsten ist es, gleich das ganze Ei zu entfernen. Trennen Sie die Eier am besten in einer kleinen Schüssel und geben dann das Eiweiß einzeln in die größere Rührschüssel. Dann müssen Sie nicht gleich das

gesamte, sondern nur das einzelne Eiweiß ersetzen. Falls der Zucker sich nicht richtig aufgelöst hat und die Masse noch eine körnige Konsistenz aufweist, wenn das Baiser in den Backofen kommt, läuft beim Backen häufig ein zuckriger Sirup aus. Baisers möglichst bei geringer Hitze backen, damit die Feuchtigkeit gleichmäßig aus der Masse entweichen kann. Wenn der Backofen zu heiß ist, wird das Äußere des Baisers schnell knusprig und braun, während das Innere gummiartig und klebrig bleibt.

VERWENDUNG DES RESTLICHEN EIGELBS

Es gibt eine Vielzahl von Rezepten, bei denen nur Eigelb Verwendung findet. Bewahren Sie das Eigelb also auf jeden Fall auf! In folgender Vanillecreme spielt es die Hauptrolle.

Vanillecreme

1 Vanillestange
300 ml Milch
5 Eigelbe
100 g extrafeiner Zucker
40 g Maisstärke

Vanillestange mit einem Messer längs aufschlitzen und in einen Topf geben. Milch zugießen und zum Kochen bringen. Vanille aus dem Topf nehmen, Herdplatte ausschalten. In der Zwischenzeit mit einem elektrischen Handrührgerät Eigelbe, Zucker und Stärke zu einer dicken glänzenden Masse verrühren. Unter ständigem Rühren nach und nach die heiße Vanillemilch zugießen. Diese Mischung in einen Topf füllen und bei mittlerer Hitze aufkochen, bis die Creme eindickt. Oberfläche mit Frischhaltefolie abdecken und den Pudding abkühlen lassen.

Granatapfel-Honig-Pawlowas

Granatapfelkerne sehen aus wie kleine funkelnde Edelsteine und ihr süßsaurer Geschmack passt wunderbar zum zuckrig-süßen Baiser einer Pawlowa. Honig und gehackte Pistazien ergänzen diese exotische Geschmacksvielfalt des Orients. Sie können die Baisers für den Boden ein bis zwei Tage im Voraus zubereiten und bis zur weiteren Verwendung in einem luftdicht verschlossenen Behälter aufbewahren. Vor dem Servieren geben Sie dann nur noch Füllung und Topping aufs Baiser.

1 Backofen auf 110 °C vorheizen. Zwei Backbleche mit Backpapier auslegen. Um einen kreisrunden Ausstecher (4 cm Ø) mit Bleistift zwölf gleich große Kreise auf die Rückseite jedes Backpapierbogens zeichnen, damit die Bleistiftlinien beim Backen nicht auf das Baiser abfärben.

2 Mit einem Spatel etwas Baisermasse in jedem Kreis auf dem Backpapier gleichmäßig verstreichen. Jeder Kreis ist der Boden für eine Pawlowa.

3 Restliche Baisermasse in einen Spritzbeutel mit kleiner runder Tülle füllen. Damit kleine Tupfen rund um jeden Baiserboden spritzen. Pawlowas im vorgeheizten Backofen etwa eine Stunde auf der unteren Schiene backen, bis sie getrocknet sind. Baiserböden auf den Backblechen vollständig abkühlen lassen und erst dann die Füllung darauf verteilen.

4 Kurz vor dem Servieren Honig in die Crème fraîche rühren und ein wenig davon auf die Pawlowas geben. Mit gehackten Pistazien und Granatapfelkernen bestreuen, nach Belieben mit Blattgold verzieren.

für 24 Stück

1 Rezeptmenge Baiser (s. S. 27)

50 g ungesalzene, gehäutete Pistazien, fein gehackt

1 TL Honig

150 g Crème fraîche

4 EL Granatapfelkerne

essbares Blattgold zum Dekorieren (nach Belieben)

TATSÄCHLICHE GRÖSSE

Süße Baiserküsschen

Diese appetitlichen Zuckerwölkchen sind leicht wie Luft, nur die köstliche Füllung hält sie vom Davonschweben ab. Ich habe drei unterschiedliche Geschmacksrichtungen für die Füllung ausgewählt: Irish-Coffee-Creme, weiße Schokoladencreme mit Pistazien und rosa Chantilly-Creme.

für 40 Stück

½ Rezeptmenge Baiser (s. S. 27)

1 der 3 Füllungen (jede ist ausreichend für alle Baisers)

IRISH-COFFEE-CREME

1 EL lösliches Kaffeepulver

1 EL extrafeiner Zucker

2 TL kochendes Wasser

300 ml Sahne/Rahm

2 TL Whiskey (nach Belieben)

ROSA CHANTILLY-CREME

175 ml Sahne/Rahm

25 g Puderzucker, gesiebt

1 TL Rosenwasser (Apotheke)

rosa Lebensmittelfarbe
(nach Belieben)

WEISSE SCHOKOLADEN-CREME MIT PISTAZIEN

30 ungesalzene Pistazien, gehäutet

70 g weiße Schokolade,
in Stücke gebrochen

135 ml Sahne/Rahm

1 EL Puderzucker

1 Für die Irish-Coffee-Creme Kaffeepulver und Zucker in kochendem Wasser auflösen. Sahne in einer Schüssel steif schlagen. Kaffeemischung und Whiskey sorgfältig unterheben.

2 Für die rosa Chantilly-Creme Sahne mit Zucker und Rosenwasser steif schlagen. Nach Belieben einige Tropfen rosa Lebensmittelfarbe untermischen.

3 Für die weiße Schokoladencreme Pistazien fein hacken. Schokolade schmelzen (s. S. 41), dann abkühlen lassen. In einer Schüssel Sahne mit gesiebtem Puderzucker aufschlagen, dann geschmolzene Schokolade und gehackte Pistazien unterrühren.

4 Backofen auf 110 °C vorheizen und zwei Backbleche mit Backpapier auslegen.

5 Baisermasse in einen Spritzbeutel mit kleiner Sterntülle füllen und kleine Rosetten (2 cm Ø) auf das Backblech spritzen. Die Rosetten im vorgeheizten Backofen eine Stunde auf der unteren Schiene backen, bis sie vollständig getrocknet sind. Baisers auf dem Backblech vollständig abkühlen lassen. Je ein Baiser mit der ausgewählten Füllung bestreichen und ein zweites Baiser daraufsetzen.

TATSÄCHLICHE GRÖSSE

Zimt-Baiser-Pilze

Diese hübschen Baiserpilze sehen beinahe echt aus. Keine Bange, das Spritzen der Pilze ist einfach, schließlich sind Pilze in der Natur auch unterschiedlich gewachsen und keiner gleicht dem anderen. Wenn die Teile zum Schluss zusammengesetzt sind, sehen sie wunderbar aus und Unregelmäßigkeiten fallen überhaupt nicht mehr auf. Arrangieren Sie die kleinen Winzlinge stilecht auf einem Holzbrett und servieren Sie sie zum Kaffee nach dem Essen.

für 50 Stück

1 TL Zimtpulver

1 Rezeptmenge Baiser (s.S. 27)

100 g dunkle Schokolade, Kakaoanteil mind. 70 %, in Stücke gebrochen

ungesüßtes Kakaopulver zum Bestäuben (nach Belieben)

1 Backofen auf 110 °C vorheizen. Zwei Backbleche mit Backpapier auslegen. Gesiebtes Zimtpulver mit einem Spatel unter die Baisermasse heben. Masse in einen Spritzbeutel mit kleiner runder Tülle füllen. Für die Pilzköpfe kleine kuppelförmige Kreise (maximal 2,5 cm Ø) auf eines der mit Backpapier ausgelegten Backbleche spritzen. Auf das zweite Blech spitz zulaufende Stiele aufspritzen. Dazu zunächst einen Boden (maximal 1 cm Ø) aufspritzen und dann in einer fließenden Bewegung den Spritzbeutel nach oben ziehen und den Boden zu einem 2,5 cm hohen Stiel hochziehen.

2 Baisers im vorgeheizten Backofen etwa zwei Stunden backen, bis sie vollständig getrocknet sind. Herausnehmen und auf dem Backblech vollständig abkühlen lassen.

3 Zum Zusammensetzen der Pilze die Spitze jedes Stiels mit dem Messer glatt abschneiden. Schokolade schmelzen (s.S. 41), dann mit einem kleinen Spatel auf der Unterseite jedes Pilzkopfes dünn verteilen. Je einen Stiel in die geschmolzene Schokolade drücken.

4 Pilze mit den Stielen nach oben auf ein Tablett legen, bis die Schokolade wieder fest ist. Pilzköpfe eventuell mit Kakaopulver bestäuben. Baiserpilze halten sich in einem luftdichten Behälter bis zu drei Wochen bei Zimmertemperatur.

TATSÄCHLICHE GRÖSSE

Nussbaiser-Türmchen

Hier wechseln sich knusprige Lagen aus Mandel-Haselnuss-Baiser mit cremiger Mokka-Mousse ab. Die Türmchen sind ein Highlight auf jeder Kuchenplatte. Am besten stellen Sie sie vor dem Servieren für eine halbe Stunde in den Kühlschrank und bestäuben sie erst kurz vor dem Servieren mit ein wenig Kakaopulver.

1 Für die Mokka-Mousse Schokolade schmelzen (s. S. 41). In einem kleinen Topf Milch aufkochen, mit Gelatine bestreuen und zügig verrühren, bis alles komplett aufgelöst ist. Milch in die geschmolzene Schokolade gießen, lösliches Kaffeepulver und Kaffeelikör dazugeben und glatt rühren. Masse abkühlen lasen. Sahne in einer Schüssel steif schlagen und unter die Schokomasse heben. Mousse in einen Spritzbeutel mit kleiner Blütentülle füllen und bis zur weiteren Verwendung kühl stellen.

2 Backofen auf 180 °C vorheizen. Ein flaches 25 × 38 cm großes Backblech mit Backpapier auslegen. Mit einem elektrischen Handrührgerät Eiweiß steif schlagen, bis sich feste Spitzen bilden. Nach und nach gesiebten Puderzucker untermischen, bis der Eischnee fest und glänzend ist. Gemahlene Nüsse und Mandeln sowie extrafeinen Zucker vorsichtig unterheben. Baisermasse gleichmäßig auf dem mit Backpapier ausgelegten Backblech verstreichen und anschließend im vorgeheizten Backofen 15 Minuten auf der unteren Schiene backen, bis sie sich fest anfühlt. Mit einem runden Ausstecher (2,5 cm Ø) aus dem noch warmen Baiser 30 Scheiben ausstechen. Vor dem Zusammensetzen auf einem Kuchengitter vollständig abkühlen lassen.

3 Zum Zusammensetzen mit der Mousse einen getupften Rand auf zehn Baiserscheiben spritzen und je eine zweite auflegen. Dann erneut einen getupften Mousserand aufspritzen und die restlichen Scheiben auflegen. Nach Belieben mit dem ungesüßten Kakaopulver bestäuben.

für 10 Stück

7 Eiweiß
75 g Puderzucker, gesiebt
40 g Haselnüsse, gemahlen
35 g Mandeln, gemahlen
85 g extrafeiner Zucker
ungesüßtes Kakaopulver zum Bestäuben (nach Belieben)

MOKKA-MOUSSE

150 g dunkle Schokolade, Kakaoanteil mind. 70 %, in Stücke gebrochen
4 EL Milch
2 TL Gelatinepulver
2 TL lösliches Kaffeepulver
1 EL Kaffeelikör
200 ml Sahne/Rahm

TATSÄCHLICHE GRÖSSE

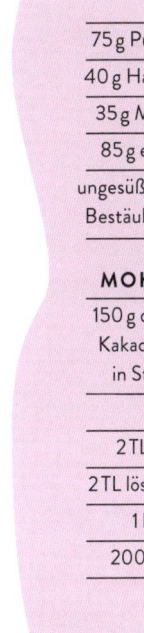

Mini-Macarons mit Veilchen und grünem Tee

Auf der Liste kleiner Köstlichkeiten dürfen Macarons keinesfalls fehlen. Die leckeren Exemplare wurden am französischen Hof zu Hochzeitsfeiern gereicht. Sie erhielten später den scherzhaften Beinamen „Junggesellenknöpfe", da sie im 19. Jahrhundert gern zu Kartenspiel-Abenden serviert wurden. Diese Macarons mit dem ungewöhnlichen Aroma von Veilchen und grünem Tee passen wunderbar zu einer Tasse rauchigem Lapsang Souchong.

für 40 Stück

---
125 g Puderzucker
---
125 g Mandeln, gemahlen
---
90 g Eiweiß (von ca. 3 Eiern)
---
2 EL Wasser
---
110 g extrafeiner Zucker
---
violette und grüne Lebensmittelfarbe

½ TL Veilchenaroma (Apotheke oder Gewürzfachhandel)
---
150 ml Sahne/Rahm
---
1 TL Matcha-Teepulver
---

1 Backofen auf 160 °C vorheizen. Ein großes Backblech mit Backpapier auslegen. Puderzucker, gemahlene Mandeln und die Hälfte des Eiweißes in einer Schüssel zu einer glatten Paste verrühren.

2 Wasser und extrafeinen Zucker in einem kleinen Topf bei geringer Hitze unter ständigem Rühren erwärmen, bis sich der Zucker aufgelöst hat. Hitze erhöhen und die Mischung zu einem dickflüssigen Sirup einkochen. Restliches Eiweiß in einer kleinen Schüssel mit einem elektrischen Handrührgerät steif schlagen. Zuckersirup hinzufügen und die Masse weiterschlagen, bis sie glänzt. Mandelpaste unterheben und die Masse auf zwei Schüsseln verteilen. Den Inhalt einer Schüssel mit violetter Lebensmittelfarbe, den Inhalt der anderen grün einfärben. Veilchenaroma unter den violetten Teig rühren.

3 Jeden Teig in einen Spritzbeutel mit kleiner runder Spritztülle füllen. Kleine flache Baiserkreise (1 cm Ø) im Abstand von 2 cm auf das mit Backpapier ausgelegte Backblech spritzen. Die gespritzten Kreise 30 Min. bei Zimmertemperatur stehen lassen, damit sie sich setzen. Anschließend im vorgeheizten Backofen bei leicht geöffneter Backofentür 8–10 Min. auf der unteren Schiene backen, bis sie fest geworden sind.

4 Macarons aus dem Backofen nehmen und auf dem Backblech vollständig abkühlen lassen.

5 Für die Füllung Sahne steif schlagen und auf zwei Schüsseln verteilen. Matchapulver mit der Sahne in einer Schüssel vorsichtig verrühren. Violette Macarons mit der ungefärbten Schlagsahne zusammensetzen, grüne Macarons mit der grünen Matcha-Sahne.

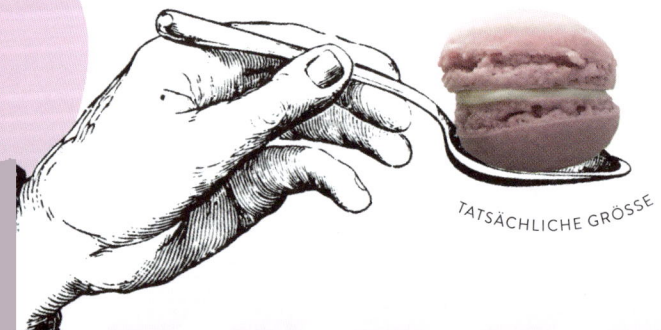

TATSÄCHLICHE GRÖSSE

Schokolade

Schokolade

Vom einstigen Gewürzgetränk der Maya bis zu ihrer heutigen Rolle als beliebtes Naschwerk hat Schokolade schon immer einen Hauch von Behaglichkeit und Genuss umweht. Das Schokoladengebäck in diesem Kapitel ist süße Raffinesse in Reinkultur.

Ganache

Ganache ist eine Mischung aus geschmolzener Schokolade und Sahne. Mit noch warmer Ganache können Sie Kuchen glasieren. Abgekühlt und verrührt bekommt die Ganache eine streichfähige Konsistenz. Sie hält sich bis zu zwei Wochen im Kühlschrank, im Tiefkühlfach sogar bis zu drei Monate. Ganache vor dem Verwenden bei Zimmertemperatur weich werden lassen.

---

200 g dunkle Schokolade, Kakaoanteil mind. 70 %, oder Milchschokolade oder 360 g weiße Schokolade

⅛ l Sahne/Rahm

---

1 Schokolade in Stücke brechen und in eine mittelgroße Schüssel geben.
2 Sahne in einem kleinen Topf bei mittlerer Hitze zum Kochen bringen.
3 Heiße Sahne über die Schokolade gießen und die Mischung 1–2 Min. stehen lassen. Dann mit einem Schneebesen glatt rühren, bis die Schokolade vollständig geschmolzen ist.

GUT ZU WISSEN

Es ist etwas schwierig, weiße Schokolade zu schmelzen, denn sie trennt sich schnell und wird körnig, wenn sie zu stark erhitzt wird. Verwenden Sie einfach etwas mehr weiße Schokolade (im Vergleich zur entsprechenden Menge dunkler Schokolade oder Milchschokolade), um das Problem zu lösen.

SCHOKOLADE ZUM BACKEN

Es gibt eine Vielfalt an Schokoladen – der Unterschied liegt vor allem in den Kakaobohnen, im Verhältnis von Kakao und Kakaobutter, im Zuckergehalt und in den Aromen. Werfen Sie einen Blick auf die Zutatenliste: Achten Sie auf die Anteile von Kakao und Zucker, denn die sind wichtig für den Geschmack. Je höher der Kakaoanteil, desto „schokoladiger" schmeckt die Schokolade.

Dunkle Schokolade mit mindestens 70 % Kakaoanteil eignet sich für die meisten Backrezepte am besten. Nehmen Sie nur Schokolade, die Sie auch pur essen würden.

SCHOKOLADE SCHMELZEN

Besonders praktisch ist ein Wasserbadtopf für Schokolade. Sie können das Wasserbad aber auch ganz leicht selbst machen. Setzen Sie einfach eine Metallschüssel über einen Topf mit siedendem Wasser. Achten Sie darauf, dass der Boden der Schüssel nicht den Topfboden berührt.
Die in Stücke gebrochene Schokolade in die Schüssel geben und unter Rühren schmelzen. Die Schokolade schmilzt durch die Hitze des Wasserdampfs im Topf. Sobald sie geschmolzen ist, die Schüssel vom Topf nehmen und den Boden abwischen, bevor die Schokolade ausgegossen wird. So kann kein Wasser in die geschmolzene Schokolade laufen und ihre Konsistenz verderben.
Alternativ lässt sich die Schokolade auch in der Mikrowelle schmelzen. Am besten auf mittlerer Stufe, damit die Schokolade nicht zu heiß wird. Dazu Schokolade in eine mikrowellengeeignete Schüssel geben und in kurzen Intervallen von 30 Sek. erhitzen, zwischendurch immer wieder umrühren. Die Zeit, die die Schokolade zum Schmelzen braucht, richtet sich nach Wattzahl, Schokoladenmenge und Kakaobutteranteil. Schokolade aus der Mikrowelle nehmen, wenn sie fast, aber noch nicht komplett geschmolzen ist. Schokolade umrühren, bis sie glatt und vollständig geschmolzen ist.

MIT SCHOKOLADE DEKORIEREN

Mit Silikon- oder Plastikformen sind in Windeseile schöne Schokodekorationen hergestellt. Dazu die geschmolzene Schokolade in entsprechende Formen gießen, mit den Formen einige Male auf die Arbeitsfläche klopfen, damit mögliche Luftbläschen entweichen können, und dann die Formen ins Tiefkühlfach stellen. Nach 10 Min. ist die Schokolade fest und lässt sich einfach aus den Formen drücken.

Vergoldetes Karamell-Shortbread

Winzige Shortbreads mit Karamell- und Schokoladenüberzug bekommen durch feinen essbaren Blattgold-staub eine edle Note. Arrangieren Sie die Quader pyramidenartig auf einer Kuchenplatte – die Stücke sehen aus wie ein kleiner Stapel Goldbarren und schmecken absolut köstlich. Wenn Sie wenig Zeit haben, können Sie gekochten Karamell durch eine Schicht Dulce de Leche (Karamellsauce) ersetzen. Die gibt es fertig im Supermarkt.

für 115 Stück

250 g Mehl
75 g extrafeiner Zucker
175 g weiche Butter, gewürfelt
Butter für die Form

KARAMELL-ÜBERZUG

100 g Butter
100 g brauner Zucker
800 ml Kondensmilch

TOPPING

200 g Milchschokolade, in Stücke gebrochen
essbarer Goldpuder, zum Dekorieren

1 Backofen auf 180 °C vorheizen. Ein 33 × 23 cm großes Backblech mit Butter einfetten. Für das Shortbread Mehl und Zucker in einer Schüssel mischen. Butter mit den Fingerspitzen hineinreiben und untermischen. Alles zu einem krümeligen Teig verkneten und die-sen mit den Fingern gleichmäßig auf das vorbereitete Backblech drücken. Teig mit einer Gabel mehrmals vorsichtig einstechen und im vorgeheizten Backofen 20 Min. auf der mittleren Schiene backen. Dann sollte das Shortbread auf Druck leicht nachgeben und eine schöne hellbraune Farbe haben. Auf dem Blech vollstän-dig abkühlen lassen.

2 Für den Karamell-Überzug Butter, Zucker und Kondensmilch in einen kleinen Topf geben und leicht erhitzen, bis sich der Zu-cker aufgelöst hat. Mischung unter ständigem Rühren aufkochen lassen, dann Hitze reduzieren und unter Rühren weitere 5 Min. köcheln lassen, bis die Mischung etwas eingedickt ist. Karamell über das Shortbread gießen, gleichmäßig darauf verteilen. Bei Zimmertemperatur abkühlen lassen.

3 Für das Topping Schokolade schmelzen (s. S. 41), anschlie-ßend über den Karamell gießen. Fest werden lassen, dann das Shortbread in 2,5 cm große Quader schneiden. Vor dem Servieren mit einem Backpinsel die Oberseite jedes Stücks mit Goldpuder bestäuben.

TATSÄCHLICHE GRÖSSE

Schokoladen-Brownies mit salzigem Karamell-Frosting

Schokolade und salziges Karamell gehören zu den Klassikern – und diese superleckeren Mini-Brownies haben trotz ihrer „Größe" viel zu bieten. Die Brownies nach dem Backen zunächst vollständig abkühlen lassen und erst dann ausstechen. Wenn sie noch warm sind, nehmen sie die Formen nicht sauber an.

1 Backofen auf 180 °C vorheizen. Den Boden einer flachen Backform von 20 × 20 cm mit Backpapier belegen. Für die Brownies Butterwürfel und Schokoladenstücke in einer feuerfesten Schüssel über dem Wasserbad schmelzen, dabei zwischendurch immer wieder umrühren, bis eine glatte Masse entsteht. Schüssel vom Topf nehmen und bei Zimmertemperatur abkühlen lassen.

2 In einer zweiten Schüssel mit einem elektrischen Handrührgerät auf höchster Stufe Eier und Zucker 5 Min. zu einer dicken schaumigen Masse aufschlagen. Abgekühlte Schokoladenmischung über die Ei-Zucker-Masse gießen und alle Zutaten mit dem Spatel vorsichtig untermischen. Mehl und Kakaopulver hineinsieben und alle Zutaten behutsam zu einem klebrigen dicken Teig verrühren. Diesen in die vorbereitete Backform füllen und mit einem Spatel bis in die Ecken streichen. Im vorgeheizten Backofen 25 Min. auf der mittleren Schiene backen. Dann ist die Oberseite glänzend und die Seiten haben sich gerade von der Form gelöst. In der Backform vollständig abkühlen lassen.

3 Für das Frosting mit einem elektrischen Handrührgerät Butter und Zucker in einer Schüssel mindestens 5 Min. schlagen und dann nach und nach unter ständigem Rühren Dulce de Leche, Vanilleextrakt und Salz untermischen. Masse in einen Spritzbeutel mit kleiner Sterntülle füllen.

4 Zum Schluss mit einem Blumen-Ausstecher (oder einer anderen Form nach Wahl) aus dem Schokoladenkuchen 24 Brownie-Blüten ausstechen. Mit dem Spritzbeutel auf jeden Brownie ein Zickzack-Muster aus Frosting spritzen und nach Belieben mit einer goldenen Zuckerblüte verzieren.

für 24 Stück

175 g Butter, gewürfelt

185 g dunkle Schokolade, Kakaoanteil mind. 70 %, in Stücke gebrochen

4 Eier

275 g extrafeiner Zucker

85 g Mehl

40 g ungesüßtes Kakaopulver

goldene Zuckerblüten, zum Dekorieren (nach Belieben)

SALZIGES KARAMELL-FROSTING

175 g weiche gesalzene Butter

200 g Puderzucker, gesiebt

3 EL Dulce de Leche (Karamellsauce)

1 TL Vanilleextrakt

½ TL Salz

TATSÄCHLICHE GRÖSSE

Schokoladenschälchen mit Mangomousse

Knackige Schokoschalen mit einer leichten und erfrischenden Mousse vereinen hier die Vorzüge von Konfekt und Dessert. Der Limettensaft gibt der Mousse eine feine Zitrusnote und sorgt dafür, dass die Gesamtkomposition nicht zu süß schmeckt. Nehmen Sie für die Schokoblüten eine Schokolade mit mindestens 70 % Kakaoanteil. Dunkle Schokolade, spritzige Limette und kühl-fruchtige Mango bilden so ein perfektes Trio.

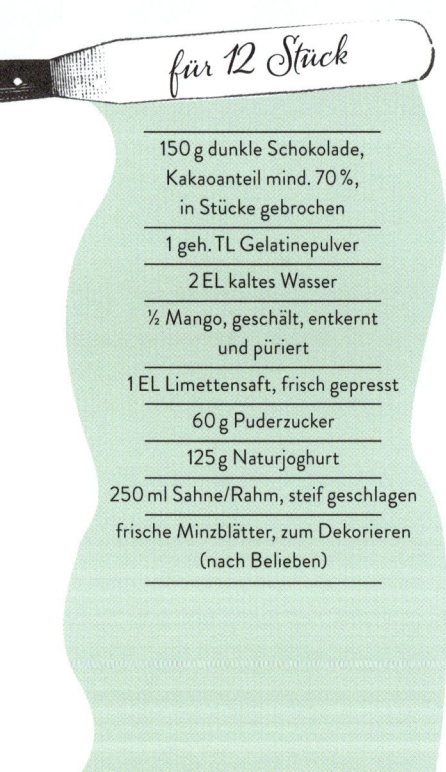

für 12 Stück

150 g dunkle Schokolade, Kakaoanteil mind. 70 %, in Stücke gebrochen

1 geh. TL Gelatinepulver

2 EL kaltes Wasser

½ Mango, geschält, entkernt und püriert

1 EL Limettensaft, frisch gepresst

60 g Puderzucker

125 g Naturjoghurt

250 ml Sahne/Rahm, steif geschlagen

frische Minzblätter, zum Dekorieren (nach Belieben)

1 Für die Schokoladenschälchen Schokolade schmelzen (s. S. 41). Mit einem Pinsel die Hälfte der geschmolzenen Schokolade gleichmäßig auf die Innenseite von zwölf Papier- oder Silikonförmchen für Muffins streichen. Förmchen zum Aushärten auf einem Backblech ins Tiefkühlfach stellen. Mit der restlichen Schokolade anschließend eine zweite Schicht auftragen. Förmchen erneut zum Aushärten ins Tiefkühlfach stellen. Aus dem Tiefkühlfach nehmen und die Förmchen von den Schokoschalen abziehen.

2 Für die Mangomousse Gelatine in einer Schüssel in kaltem Wasser einweichen. Mangopüree, Limettensaft und Puderzucker in einem Topf verrühren, bei geringer Hitze leicht aufkochen. Gelatinemischung dazugeben und Topf vom Herd nehmen. Inhalt in eine Schüssel füllen, diese zum Abkühlen auf eine Schüssel mit Eiswasser setzen. Während die Masse abkühlt, unter kräftigem Schlagen nach und nach Joghurt untermischen. Schlagsahne zum Schluss vorsichtig unterheben.

3 Mangomousse in einen Spritzbeutel mit kleiner Sterntülle füllen und in jede Schokoschale einen Stern der Mousse spritzen. Eventuell noch mit einem Minzblatt dekorieren.

TATSÄCHLICHE GRÖSSE

Pistazien-Florentiner mit weißer Schokolade

Süß, klebrig und knusprig zugleich – Florentiner sind die perfekten Begleiter zum Nachmittagstee. Diese Mini-Ausgaben bestechen durch die ungewöhnliche Kombination von Cranberrys und Pistazien statt der sonst üblichen Cocktailkirschen und Mandeln. Wenn Sie die Mengenverhältnisse unverändert lassen, können Sie sogar mit Früchten und Nüssen experimentieren und Ihr eigenes Rezept kreieren.

1 Backofen auf 180°C vorheizen. Den Boden einer 23 × 23 cm großen Backform mit Backpapier auslegen. Butter mit Zucker bei geringer Hitze in einem Topf zerlassen. Mit einem Löffel Mehl, Sahne und Zitronensaft einrühren und in eine Schüssel geben. Pistazien und getrocknete Cranberrys klein hacken, mit den Mandelsplittern zum Teig geben.

2 Florentiner-Mischung gleichmäßig in die mit Backpapier ausgelegte Form streichen. Im vorgeheizten Backofen auf der mittleren Schiene 15 Min. goldbraun backen. Form aus dem Backofen nehmen und mit einem runden Ausstecher (2,5 cm Ø) aus dem noch heißen Florentiner-Gebäck zügig 30 Scheiben ausstechen. Diese auf einem sauberen, mit Backpapier ausgelegten Backblech abkühlen lassen.

3 Schokolade schmelzen (s.S. 41). Unterseite der abgekühlten Florentiner in die geschmolzene Schokolade tauchen. Gebäck mit der Schokoladenseite nach unten auf das belegte Backblech setzen. Blech für 20 Min. in den Kühlschrank stellen, bis die Schokolade fest geworden ist. Mit der restlichen geschmolzenen Schokolade die Oberseite der Florentiner beträufeln und das Gebäck erneut für 10 Min. in den Kühlschrank stellen.

TIPP
Die Florentiner können auch in den Mulden einer Silikon-Muffinform gebacken werden.

für 30 Stück

40 g Butter
50 g extrafeiner Zucker
1 EL Mehl
1 EL Sahne/Rahm
1 TL Zitronensaft, frisch gepresst
450 g geschälte ungesalzene Pistazien, gehäutet
40 g getrocknete Cranberrys
50 g Mandelsplitter
100 g weiße Schokolade, in Stücke gebrochen

TATSÄCHLICHE GRÖSSE

Mürbe- und Blätterteig

Mürbe- und Blätterteig

Es gibt eine Fülle unterschiedlicher Teigsorten. Doch wenn Sie sich auf eine möglichst vielseitig verwendbare konzentrieren möchten, dann fällt die Wahl wahrscheinlich auf Mürbeteig oder Blätterteig. Damit gelingen Ihnen süße und herzhafte Häppchen in vielen verschiedenen Geschmacksvariationen.

Einfacher Mürbeteig

Bei diesem einfachen Mürbeteig (pâte brisée) kommt meist die doppelte Menge an Mehl auf eine Menge Fett. Fett (z. B. Butter) wird in kleinen Flocken ins Mehl geknetet, sodass eine krümelige Masse entsteht. Mit eiskaltem Wasser wird sie zu einem glatten Teig verarbeitet. Wenn Sie sich nicht die Finger schmutzig machen möchten, können Sie den Teig auch in einer Küchenmaschine zubereiten. Der fertige Teig wird in Frischhaltefolie eingewickelt und bis zur weiteren Verwendung für 10–15 Min. in den Kühlschrank gelegt.

125 g Mehl, 1 Prise Salz
55 g Butter, gewürfelt
2–3 EL eiskaltes Wasser

ZUBEREITUNG 1 (VON HAND)

1 Mehl und Salz in eine große Schüssel geben und die Butterwürfel zugeben.
2 Mit den Fingerspitzen die Butter ins Mehl reiben, bis ein krümeliger Teig entsteht und keine großen Butterstückchen mehr erkennbar sind. Beim Unterarbeiten der Butter die Mischung immer wieder aufnehmen, damit die Luft sie kühlt. Die Schüssel zwischendurch immer wieder schütteln, damit die Butterstückchen nach oben kommen. Zügig arbeiten, sonst wird die Mischung zu fettig.
3 Gerade so viel eiskaltes Wasser zugießen, dass der Teig schön glatt wird.

ZUBEREITUNG 2 (KÜCHENMASCHINE)

Mehl, Salz und Butter in die Küchenmaschine geben und so lange in Intervallen laufen lassen, bis das Fett sich mit dem Mehl vermischt hat. Bei laufender Maschine nach und nach eiskaltes Wasser zugießen, bis sich alles zu einem glatten Teig verbunden hat. Nur so viel Wasser zugeben, dass sich der Teig verbindet. Dann die Küchenmaschine ausstellen.

Süßer Mürbeteig

Dieser feine süße Teig (pâte sucrée) ist ideal als Boden für Obsttörtchen.

100 g weiche Butter
60 g extrafeiner Zucker
4 Eigelbe
200 g Mehl
Mehl für die Arbeitsfläche

1 Butter und Zucker in einer Schüssel schaumig rühren. Eigelbe nach und nach einzeln dazugeben, bis sich alle Zutaten gut verbunden haben.
2 Mehl untermengen und alles auf einer mit Mehl bestäubten Arbeitsfläche zu einem glatten Teig verkneten.
3 Teig in Frischhaltefolie gewickelt für mindestens eine Stunde in den Kühlschrank legen. Er kann auch gut eingefroren werden.

MÜRBETEIG EINFRIEREN

Den Teig fest in Frischhaltefolie einwickeln und in einen Gefrierbeutel geben. Er hält sich bis zu zwei Monate im Tiefkühlfach. Den Teig drei bis vier Stunden vor der weiteren Verarbeitung aus dem Gefrierfach nehmen und im Kühlschrank auftauen. Bereits gebackener Mürbeteig ohne Füllung kann in einem luftdicht verschlossenen Behälter bei Zimmertemperatur etwa drei Tage aufbewahrt werden.

MÜRBETEIG BACKEN

Meist werden Mürbeteig-Tartelettes beim Backen mit Gewichten, getrockneten Hülsenfrüchten oder Reis, gefüllt und „blind gebacken". So wird verhindert, dass sich der Teig zusammenzieht oder wölbt. Stattdessen können Sie den ungebackenen Mürbeteigboden auch 15 Min. ins Gefrierfach stellen, damit er sich setzt und sich später beim Backen nicht zusammenzieht. Er kann vor dem Backen auch mit einer Gabel mehrfach eingestochen werden. So behält er ebenfalls gut seine Form.

Blätterteigschnittchen mit Holunderblütensahne

Hergestellt aus luftigem Blätterteig (im Französischen heißt er millefeuille, was so viel wie „tausend Blätter"
bedeutet), feinen Erdbeerscheiben und mit Holunderblütensirup fein aromatisierter Sahne, sehen diese nied-
lichen Gebäckstücke höchst elegant aus und schmecken wie ein sonniger Sommertag.

für 24 Stück

375 g Blätterteig, backfertig (s. S. 111)

1 EL Holunderblütensirup

2 TL extrafeiner Zucker

⅛ l Sahne/Rahm

10 frische Erdbeeren, geputzt
und in feine Scheiben geschnitten

Puderzucker zum Bestäuben

1 Backofen auf 200 °C vorheizen. Tiefgekühlten Blätterteig rechtzeitig auftauen. Ein großes Backblech mit Backpapier auslegen.
Blätterteigplatten in 5 × 2,5 cm große Rechtecke schneiden. Auf das vorbereitete Backblech legen und mit einer
Gabel die Oberfläche einstechen. Eine Lage Backpapier
über die Teigstücke legen.

2 Ein zweites Backblech auf die Teigstücke legen, damit der Teig
beim Backen nicht zu stark aufgeht. Die Rechtecke im vorgeheizten Backofen 10–15 Min. auf der mittleren Schiene goldgelb
backen. Blätterteigstücke auf dem Backblech abkühlen lassen.

3 In einer Schüssel Sahne mit Holunderblütensirup und Zucker
mischen und steif schlagen. Zum Zusammensetzen der Schnitt-
chen die Sahne auf einem Blätterteigstück verteilen, mit Erdbeeren belegen und ein weiteres Blätterteigstück auflegen. Diese
Schicht ebenfalls mit Sahne bestreichen, mit Erdbeeren belegen
und ein drittes Blätterteigstück auflegen. Blätterteigschnittchen
vor dem Servieren mit Puderzucker bestäuben.

4 Die Blätterteigstücke können bereits im Voraus gebacken und
in einem luftdichten Behälter aufbewahrt werden.

TATSÄCHLICHE GRÖSSE

Herz-Pasteten mit Himbeer-Coulis

Im Französischen werden gefüllte Pasteten auch vol-au-vents *genannt, was wörtlich übersetzt so viel wie „vom Winde verweht" heißt. Nicht ganz zu Unrecht, denn diese kleinen Pasteten sind wirklich leicht. Meist werden sie mit einer herzhaften Füllung serviert. Doch hier überrascht eine süße nussig-schokoladige Masse. Die köstlichen Teilchen sind sehr geschmacksintensiv und die Herzform macht sie extrasüß. Vor dem Servieren mit etwas Himbeer-Coulis beträufelt, sehen die Winzlinge so gut aus, wie sie schmecken.*

1 Für das Himbeer-Coulis Himbeeren, Zucker und Zitronensaft in einen Topf geben und erhitzen, bis die Himbeeren gerade zusammen-fallen. Masse in der Küchenmaschine oder mit einem Pürierstab glatt pürieren. Durch ein feines Sieb streichen, aufgefangene Kerne entfer-nen und das Püree bis zur weiteren Verwendung beiseitestellen.

2 Backofen auf 180 °C vorheizen. Zwei oder drei Backbleche mit Backpapier auslegen. Tiefgekühlten Blätterteig rechtzeitig auftau-en. Blätterteigplatten auf einer mit Mehl bestäubten Arbeitsfläche auslegen und mit einem kleinen Herzausstecher (Breite max. 4 cm) 80 Herzen ausstechen. Mit einem etwas kleineren Herzausstecher aus der Hälfte der ausgestochenen Herzen ein kleineres Herz ausstechen. Mit einer Gabel mehrfach in die großen Herzen stechen. Ränder dieser Herzen mit verquirltem Ei einpinseln. Dann die Herzkonturen auflegen. Darauf achten, dass das verquirlte Ei nicht an den Rändern ausläuft, sonst geht der Blätterteig nicht auf. Die aufgedoppelten Her-zen auf das vorbereitete Backblech legen und 5 Min. zum Festwerden ins Tiefkühlfach stellen.

3 Oberseite der Herzen mit verquirltem Ei einpinseln, dann im vor-geheizten Backofen 12 Min. auf der mittleren Schiene backen, bis sie goldbraun sind. Auf den Backblechen vollständig abkühlen lassen.

4 Mit einem Löffel die Mitte der Pastetchen entfernen und mit der Schokoladen-Ganache füllen. Nach Belieben mit den fein gehackten Haselnüssen bestreuen und mit wenig Kakaopulver bestäuben. Zum Schluss noch mit einigen Tropfen Himbeer-Coulis beträufeln.

TIPP
Verwenden Sie die Blätterteigreste für andere Rezepte, etwa für die Schweineöhrchen auf Seite 58 oder die Käse-Grissini auf Seite 124.

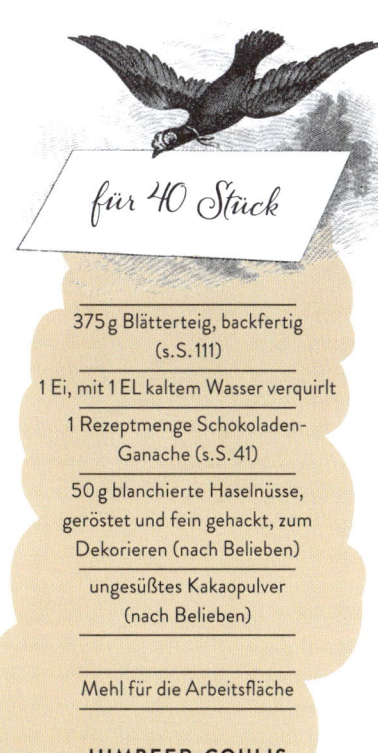

für 40 Stück

375 g Blätterteig, backfertig (s. S. 111)

1 Ei, mit 1 EL kaltem Wasser verquirlt

1 Rezeptmenge Schokoladen-Ganache (s. S. 41)

50 g blanchierte Haselnüsse, geröstet und fein gehackt, zum Dekorieren (nach Belieben)

ungesüßtes Kakaopulver (nach Belieben)

Mehl für die Arbeitsfläche

HIMBEER-COULIS

250 g Himbeeren, frisch oder tiefgekühlt

1 EL Puderzucker

½ Zitrone, Saft

TATSÄCHLICHE GRÖSSE

Aromatisierte Schweineöhrchen

Indische Teegewürze für Chai werden auch für Cappuccino und Latte Macchiato immer beliebter, aber als Aroma für Kuchen oder Gebäck sind sie nach wie vor recht ungewöhnlich. Dabei ist die köstliche Mischung aus Zimt, Ingwer, Kardamom und Gewürznelke als Füllung für leckeres knuspriges Gebäck wie Schweine-öhrchen unwiderstehlich. Oder sollte ich die Mini-Version wohl eher Ferkelöhrchen nennen?

für 50 Stück

150 g Zucker

1½ TL Zimtpulver

½ TL Ingwerpulver

½ TL Gewürznelkenpulver

½ TL Kardamompulver

190 g Blätterteig, backfertig
(s. S. 111)

30 g Butter, zerlassen
und abgekühlt

Zucker zum Bestreuen
(nach Belieben)

1 In einer Schüssel Zucker mit Zimt, Ingwer, Gewürznelke und Kardamom mischen. Tiefgekühlten Blätterteig rechtzeitig auftau-en. Blätterteigplatten auf einer sauberen Arbeitsfläche auslegen. Mit der Gewürzmischung bestreuen, dann mit einer Teigrolle über den Teig rollen, damit der Chai-Zucker am Teig haften bleibt.

2 Blätterteig in 7,5 cm breite Streifen schneiden. Beide Enden der Teigstreifen jeweils längs bis zur Mitte aufrollen. Aufgerollte Stücke in Frischhaltefolie einwickeln und 30 Min. in den Kühlschrank legen, damit sie fest werden. Inzwischen den Backofen auf 200 °C vorheizen. Zwei Backbleche mit Backpapier belegen.

3 Gekühlte Blätterteigrollen mit einem Messer mit Wellenschliff in dünne Scheiben schneiden und diese mit der Schnittfläche nach oben gleichmäßig auf den mit Backpapier ausgelegten Backblechen verteilen. Jedes Blätterteigstück mit zerlassener Butter bestreichen und nach Belieben zusätzlich mit Zucker bestreuen. Im vorge-heizten Backofen 5 Min. auf der mittleren Schiene backen, bis die Gebäckstücke karamellisiert und leicht gebräunt sind. Dann mit dem Spatel wenden und weitere 3–5 Min. backen, bis sie auf der anderen Seite ebenfalls karamellisiert sind. Auf einem Kuchengit-ter abkühlen lassen.

TIPP
Dieses Rezept eignet sich prima, um Blätterteigreste zu verarbeiten.

TATSÄCHLICHE GRÖSSE

Himbeer-Tartelettes

Für diese kleinen Tartelettes ist knusprig süßer Mürbeteig das Richtige. Gefüllt werden die Mini-Tartes mit gebräunter Butter und frischen Himbeeren. Die gebräunte Butter sorgt für den fein-nussigen Geschmack.

für 36 Stück

1 Rezeptmenge süßer Mürbeteig
(s. S. 53)

Puderzucker zum Bestäuben
(nach Belieben)

FÜLLUNG MIT
GEBRÄUNTER BUTTER

115 g Butter

100 g extrafeiner Zucker

3 Eier

1 TL Vanilleextrakt

1 Prise Salz

35 g Mehl

75 g Himbeeren, frisch oder
tiefgekühlt

Mehl für die Arbeitsfläche

Butter für die Form

1 Kleine Tartelette-Formen einfetten. (Die hier verwendeten sind 4 cm lang. Es eignen sich aber auch andere Formen. Sie können die Tartelettes auch gut portionsweise zubereiten und backen, je nachdem, wie viele Förmchen Sie haben.)
Teig auf einer leicht mit Mehl bestäubten Arbeitsfläche 5 mm dick ausrollen. Bei Mini-Tartelette-Formen in Mandelform, wie sie hier benutzt werden, empfiehlt sich ein rechteckiger Ausstecher, der breiter und länger ist als die Förmchen. Den Teig über die vorbereiteten Förmchen legen und am Boden und an den Seiten leicht andrücken, damit die Tartelettes eine schöne Form bekommen. Teig an den Rändern fest hinunterdrücken, damit sich der überstehende Teigrand löst. Mit einer Gabel mehrmals einstechen und dann die Förmchen für mindestens 30 Min. ins Gefrierfach stellen. Den Backofen auf 180 °C vorheizen.

2 Die kleinen Törtchen im vorgeheizten Backofen 7–8 Min. auf der mittleren Schiene hellgoldgelb backen.

3 Für die Füllung die Butter in einem kleinen Topf bei geringer Hitze zerlassen. Dann die Hitze auf mittlere Temperatur erhöhen und die Butter so lange kochen, bis sich am Topfboden braune Flecken zeigen. Butter aufschäumen und wieder zusammenfallen lassen, während sie weiter bräunt. Dabei verströmt sie ein nussiges Aroma. Den Topf schnell vom Herd nehmen, sie darf nicht dunkel werden.

4 In einer Schüssel Zucker, Eier, Vanilleextrakt und Salz mit dem Schneebesen kräftig verquirlen. Nach und nach das Mehl unterrühren und die gebräunte Butter unter ständigem Rühren in gleichmäßigem Strahl zugießen. In jede Tartelette-Vertiefung eine Himbeere legen und die Füllung bis knapp unter den Rand darübergießen. Für 10 Min. zurück in den Backofen schieben, bis der Teig goldbraun und die Füllung fest geworden ist. Tartelettes in der Form vollständig abkühlen lassen und vor dem Servieren mit Puderzucker bestäuben.

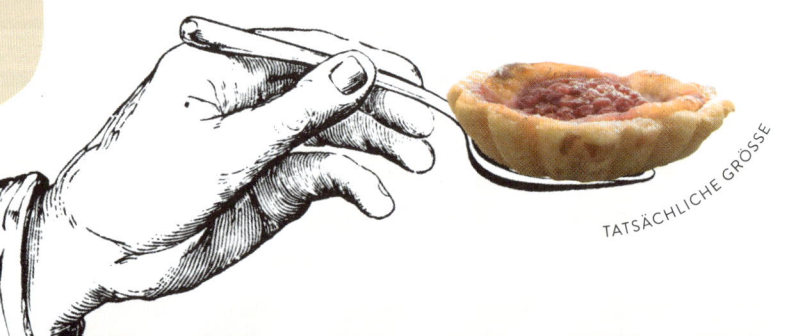

TATSÄCHLICHE GRÖSSE

Zitrus-Juwelen

Die Kombination von knusprigsüßem Mürbeteig mit selbst gemachter fruchtiger Zitronen-Limetten-Creme sorgt dafür, dass diese klitzekleinen Köstlichkeiten blitzschnell verspeist werden. Die Mürbeteigböden können im Voraus gebacken und eingefroren werden. Wenn Sie ein Glas Lemon Curd vorrätig haben, können Sie die zitronigen Juwelen innerhalb von 20 Minuten auf den Tisch zaubern.

1 Für die Zitruscreme Zitronensaft, Limettensaft, Zucker und Eier in einer mittelgroßen feuerfesten Schüssel schaumig schlagen. Butter dazugeben und die Schüssel auf einen kleinen Topf mit siedendem Wasser setzen. Creme unter Rühren mindestens 8 Min. kochen lassen, bis sie eingedickt ist und am Löffelrücken einen Film bildet. Schüssel vom Topf nehmen, Creme abkühlen lassen und dabei zwischendurch immer wieder umrühren. Mit Frischhaltefolie abgedeckt bis zur weiteren Verwendung in den Kühlschrank stellen.

2 Einzelne Tartelette-Förmchen einfetten. (Diese hier haben einen Durchmesser von 2,5 cm. Es eignen sich aber auch andere Formen. Sie können die Tartelettes gut portionsweise zubereiten und backen, je nachdem, wie viele Förmchen Sie haben.) Teig auf einer leicht mit Mehl bestäubten Arbeitsfläche 5 mm dick ausrollen. Mit einem runden Ausstecher (5 cm Ø) aus dem Teig Kreise ausstechen. Die Teigscheiben in die vorbereiteten Förmchen legen und am Boden und an den Seiten leicht andrücken, damit die Tartelettes nach dem Backen eine schöne Form bekommen. Teig an den Rändern fest hinunterdrücken, damit sich der überstehende Teigrand löst. Mit einer Gabel den Teigboden und die -seiten mehrfach einstechen. Tartelettes auf ein Backblech setzen und für 30 Min. zum Festwerden ins Tiefkühlfach geben. Inzwischen den Backofen auf 180 °C vorheizen.

3 Tartelettes im vorgeheizten Backofen 7–8 Min. auf der mittleren Schiene goldgelb backen. In den Formen vollständig abkühlen lassen, dann herausnehmen und mit der Zitruscreme füllen.

für 48 Stück

1 Rezept süßer Mürbeteig (s. S. 53)

Mehl für die Arbeitsfläche

ZITRUSCREME

4 EL Zitronensaft, frisch gepresst

4 EL Limettensaft, frisch gepresst

55 g extrafeiner Zucker

5 Eier, auf Zimmertemperatur

100 g Butter, gewürfelt

Butter für die Form

TATSÄCHLICHE GRÖSSE

Mini-Tartes mit Schokolade

Feiner Schokoladenteig wird in winzigen Tartelette-Formen gebacken, mit einer cremigen Ganache aus weißer Schokolade gefüllt und mit geschmolzener dunkler Schokolade dekoriert. Die Teigböden lassen sich gut einige Stunden vorher backen. Aber nicht im Kühlschrank aufbewahren, sonst werden sie weich.

für 24 Stück

---
85 g Mehl
---
2 EL ungesüßtes Kakaopulver
zum Backen
---
60 g weiche Butter, gewürfelt
---
2 EL extrafeiner Zucker
---
1 Eigelb

Mehl für die Arbeitsfläche

Fett für die Form

**FÜLLUNG UND
DEKORATION**

---
1 Rezeptmenge warme Ganache aus
weißer Schokolade (s. S. 41)
---
100 g dunkle oder Milch-
schokolade, geschmolzen
(s. S. 41, nach Belieben)
---

1 Für den Teig Mehl und Kakaopulver in eine große Rührschüssel sieben, Butter mit den Fingern hineinreiben und alles zu einem krümeligen Teig verkneten. Dann mit Zucker und Eigelb zu einem glatten Teig verarbeiten. Wenn der Teig zu trocken ist, noch ein wenig kaltes Wasser hinzufügen. Teig fest in Frischhaltefolie einwickeln und zum Kühlen für eine Stunde in den Kühlschrank legen.

2 Backofen auf 180 °C vorheizen. Förmchen einzeln einfetten. (Diese hier haben eine Größe von 4 × 4 cm. Es eignen sich aber auch andere Formen. Sie können die Tartelettes gut portionsweise zubereiten und backen, je nachdem, wie viele Förmchen Sie haben.) Teig auf einer leicht bemehlten Arbeitsfläche 5 mm dick ausrollen. Mit einem kleinen Messer 24 Vierecke ausschneiden, die etwas größer sind als die kleinen Tartelette-Förmchen. Teigstücke in die vorbereiten Förmchen legen und am Boden und an den Seiten leicht andrücken, damit die Tartelettes nach dem Backen eine schöne Form bekommen. Den Teig an den Rändern fest hinunterdrücken, damit sich der überstehende Teigrand löst. Mit einer Gabel den Teig mehrfach einstechen. Auf ein Backblech setzen und für 30 Min. zum Festwerden ins Tiefkühlfach stellen.

3 Tartelettes im vorgeheizten Backofen 8–10 Minuten auf der mittleren Schiene knusprig backen. Herausnehmen und in der Form abkühlen lassen. Dann aus der Form nehmen und jedes Stück mit weißer Schokoladen-Ganache füllen. Bei Zimmertemperatur mehrere Stunden ruhen lassen. Nach Belieben geschmolzene dunkle Schokolade in einen Spritzbeutel mit kleiner runder Tülle füllen und kleine Tropfen aufspritzen. Vor dem Servieren fest werden lassen.

TATSÄCHLICHE GRÖSSE

Brandteig

Brandteig

Dieser leichte, zweimal erhitzte Teig aus Mehl, Butter, Wasser und Eiern wird meist für Windbeutel oder Eclairs verwendet. Hier werden sie im Miniformat zubereitet. Brandteig ist aber auch ideal für herzhafte Häppchen.

Brandteig
(pâte à choux)

55 g Butter	
180 ml Wasser	
105 g Mehl	
4 Eier, leicht verquirlt	

Butter mit Wasser in einem mittelgroßen Topf auf-kochen lassen. Mehl auf einmal hinzugeben und mit einem Holzlöffel bei mittlerer Hitze umrüh-ren, bis sich der Teig zur Kugel formt. Teig in eine kleine Schüssel umfüllen, mit einem elektrischen Handrührgerät die Eier nacheinander unter den Teig rühren, bis dieser glänzend und glatt ist. Der Brandteig ist nun backfertig.

GUT ZU WISSEN

Bei der Zubereitung von Brandteig ist es wichtig, dass jedes Ei vollständig untergearbeitet wird, be-vor das nächste in den Teig gerührt wird. Machen Sie sich keine Sorgen, wenn der Teig sich zuerst noch trennt. Wenn Sie weiterrühren, werden sich alle Zutaten zu einem glatten Teig verbinden.

BRANDTEIG BACKEN

Für Brandteig benötigten Sie einen heißen Back-ofen, deshalb empfiehlt es sich, den Backofen gut vorzuheizen und zu kontrollieren, ob er die gewünschte Temperatur erreicht hat, wenn der Brandteig hineinkommt.
Schieben Sie immer nur ein Blech mit Brandteig in den Backofen. Der Teig geht nur auf, wenn das Was-ser im Teig im heißen Backofen verdampft. Wenn zu viele Backbleche mit Brandteig im Backofen sind, entsteht zu viel Feuchtigkeit und das Brand-teig-Gebäck trocknet nicht, sondern wird feucht und fällt zusammen. Die einzelnen Portionen daher immer nacheinander im Backofen backen.

Widerstehen Sie der Versuchung, während des Ba-ckens die Ofentür zu öffnen. Dadurch entweicht zu viel Hitze aus dem Backofen und dies verhindert das gleichmäßige Aufgehen des Gebäcks. Fertiger Brandteig ist nach dem Backen goldbraun. Brandteig wird während oder nach dem Backen meist mit einem scharfen Messer aufgeschlitzt, damit der Dampf aus dem Gebäckstück entweichen kann. Anschließend das Gebäck noch einmal kurz zurück in den Backofen schieben, damit es vor dem Füllen gut durchgetrocknet ist.
Brandteig schmeckt frisch am besten, aber alter-nativ kann der Teig auch am Vortag zubereitet werden. Einfach in einer abgedeckten Schüssel über Nacht in den Kühlschrank stellen. Am nächs-ten Tag den Teig in einen Spritzbeutel füllen, auf das Backblech spritzen und backen. Noch nicht gefülltes Brandteig-Gebäck wie Eclairs und Wind-beutel lassen sich problemlos in Plastikbehältern einfrieren. Kurz vor der weiteren Verwendung die gefrorenen Gebäckstücke aus dem Gefrierfach nehmen, auf dem Backblech antauen lassen und anschließend 5 Min. im Backofen aufbacken oder im Behälter etwa eine Stunde bei Zimmertempera-tur auftauen lassen.

BRANDTEIG FÜLLEN

Die meisten Füllungen weichen das Gebäck schnell auf. Brandteig-Gebäck daher möglichst innerhalb der nächsten Stunden nach dem Füllen verzehren.

HERZHAFTES BRANDTEIG-GEBÄCK

Knuspriger Brandteig ist vielseitig und auch für herzhafte Varianten wunderbar geeignet. Geben Sie etwas Salz und Pfeffer in den Teig und rühren Sie nach Belieben ein wenig geriebenen Käse oder andere Gewürze unter.

Süße Windbeutel-Pyramiden

Der klassische croquembouche, *wörtlich übersetzt „etwas, das im Mund knirscht", ist ein Turm aus knusprigen Windbeuteln, die mit Konditorcreme gefüllt und mit Karamell beträufelt werden. Die Mini-Version des eindrucksvollen Desserts ist zwar etwas aufwendig, aber die Pyramiden verleihen jeder Feier eine festliche Note. Zudem sind sie so klein, dass man sie nicht teilen muss!*

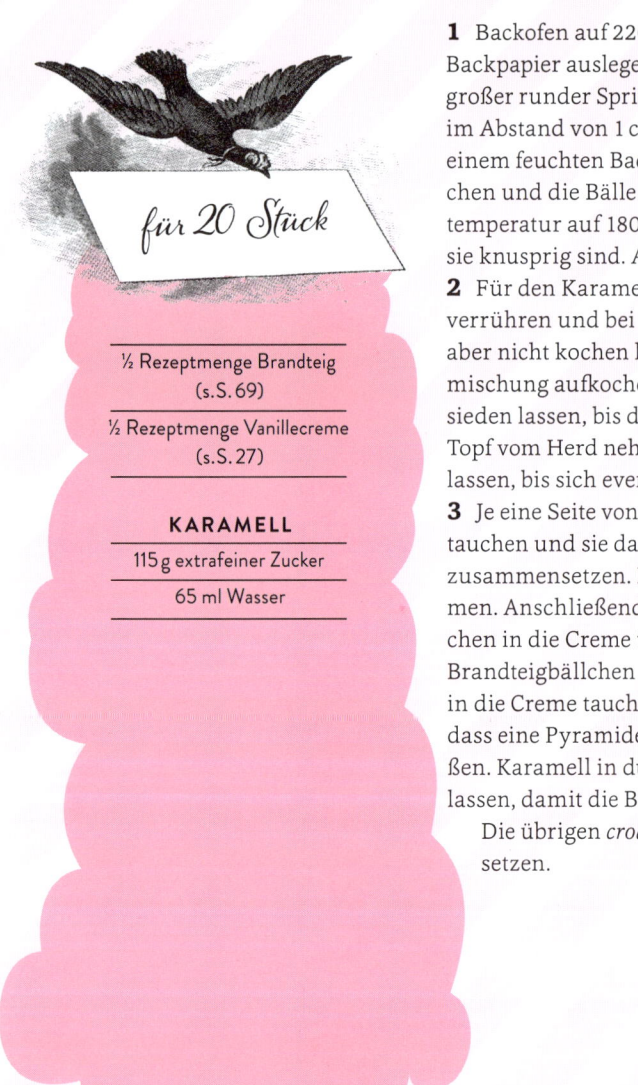

für 20 Stück

½ Rezeptmenge Brandteig
(s. S. 69)

½ Rezeptmenge Vanillecreme
(s. S. 27)

KARAMELL

115 g extrafeiner Zucker

65 ml Wasser

1 Backofen auf 220 °C vorheizen und zwei bis drei Backbleche mit Backpapier auslegen. Brandteig in einen Spritzbeutel mit 5 mm großer runder Spritztülle füllen. Dann 340 kleine runde Teigbälle im Abstand von 1 cm auf die vorbereiteten Backbleche spritzen. Mit einem feuchten Backpinsel die Oberseite jedes Bällchens glatt streichen und die Bälle 7 Min. im vorgeheizten Backofen backen. Ofentemperatur auf 180 °C reduzieren. Bällchen weitere 5 Min. backen, bis sie knusprig sind. Auf den Backblechen vollständig abkühlen lassen.

2 Für den Karamell Zucker und Wasser in einem kleinen Topf verrühren und bei mittlerer Temperatur unter Rühren erhitzen, aber nicht kochen lassen, bis sich der Zucker aufgelöst hat. Zuckermischung aufkochen lassen und ohne Deckel und ohne Umrühren sieden lassen, bis die Mischung eine goldene Farbe angenommen hat. Topf vom Herd nehmen und den Karamell einige Minuten stehen lassen, bis sich eventuelle Bläschen aufgelöst haben.

3 Je eine Seite von sieben Brandteigbällchen in die Vanillecreme tauchen und sie dann dicht nebeneinander zu einem Kreis (4 cm Ø) zusammensetzen. Durch die Creme kleben die Bällchen gut zusammen. Anschließend die Unterseite von weiteren fünf Brandteigbällchen in die Creme tauchen und dann kreisförmig auf die anderen Brandteigbällchen setzen. Die Unterseite von weiteren vier Bällchen in die Creme tauchen und diese auf die anderen Bällchen setzen, sodass eine Pyramide entsteht. Mit einem einzelnen Bällchen abschließen. Karamell in dünnen Fäden rund um die Pyramide laufen lassen, damit die Brandteigbällchen an ihrem Platz bleiben.

Die übrigen *croquembouches* ebenso zusammensetzen.

TATSÄCHLICHE GRÖSSE

Marmorierte Schokoladen-Eclairs

Ursprünglich wurden Eclairs „Brot der Herzogin" genannt. Diese Variante, im Miniformat und mit Glasur in akkuratem Federmuster, ist sicherlich ein Genuss für jede moderne Fashionista. Brandteig gelingt fast immer. Sie dürfen nur nicht vergessen, das Gebäck direkt aufzuschneiden, wenn es aus dem Ofen kommt, damit der überschüssige Dampf entweichen kann.

für 50 Stück

1 Rezeptmenge Brandteig (s. S. 69)

300 ml Sahne/Rahm

½ TL Vanilleextrakt

SCHOKOLADENGLASUR

25 g Butter, gewürfelt

100 g dunkle Schokolade, Kakaoanteil mind. 70 %, in Stücke gebrochen

90 g Puderzucker, gesiebt

100 ml Wasser, kochend heiß

WEISSE GLASUR (NACH BELIEBEN, FÜR DAS FEDERMUSTER)

1 EL Puderzucker, mit 1–2 Trp Wasser vermischt

1 Backofen auf 200 °C vorheizen. Zwei bis drei Backbleche mit Backpapier auslegen. Brandteig in einen Spritzbeutel mit 5 mm großer runder Spritztülle füllen. Daraus 50 dünne, etwa 4 cm lange Streifen in gleichmäßigem Abstand auf die mit Backpapier ausgelegten Backbleche spritzen. Mit einem feuchten Backpinsel über die Oberseite jedes Streifens streichen und dann die Brandteigstreifen 10 Min. im vorgeheizten Backofen auf der mittleren Schiene backen, ein Blech nach dem anderen. Anschließend einen kleinen waagerechten Schlitz in jedes Eclair-Ende schneiden, damit die Hitze entweichen kann. Eclairs für 5 Min. zurück in den Backofen stellen. Auf einem Kuchengitter vollständig abkühlen lassen.

2 Sahne in einer Schüssel steif schlagen, Vanilleextrakt untermischen. In einen Spritzbeutel mit kleiner runder Spritztülle füllen. Tülle in die Öffnung jedes Eclairs einführen und ein wenig Sahne in das Innere spritzen. Wenn das Innere vollständig gefüllt ist, tritt etwas Sahne aus der Öffnung aus.

3 Für die Schokoladenglasur Butter, Schokolade und Zucker in einer Metallschüssel über dem Wasserbad (Topf mit siedendem Wasser) verrühren, bis die Masse glatt und glänzend ist. Kochendes Wasser nach und nach zugeben, bis die Glasur eine dickflüssige Konsistenz hat. Mit einem kleinen Spatel die Glasur gleichmäßig auf der Oberseite der Eclairs verstreichen. Nach Belieben mit der weißen Glasur feine Querlinien auf die noch feuchte Schokoladenglasur spritzen. Einen Zahnstocher längs durch die Mitte der Glasur ziehen, sodass ein hübsches Federmuster entsteht.

TATSÄCHLICHE GRÖSSE

Rosa Nonnen

Üben Sie das Spritzen mit dem Spritzbeutel, bevor Sie sich an die Zubereitung dieser kleinen Kunstwerke machen. Üblicherweise werden diese religieuses mit Schokolade glasiert und mit Sahne gefüllt – in Anlehnung an den schwarz-weißen Habit der Nonnen. Ich habe mich für eine grelle Glasur in Pink auf den mit Rosenwasser aromatisierten Mini-Gebäckstücken entschieden.

1 Für die Konditorcreme Milch und Vanilleextrakt in einem kleinen Topf aufkochen. Für einige Minuten köcheln lassen, dann abkühlen lassen. Eigelbe und Zucker in einer großen Schüssel mit einem elektrischen Handrührgerät hell schaumig rühren, gesiebtes Mehl und Maisstärke untermischen. Unter ständigem Schlagen die Vanillemilch zugießen und alles zurück in den Topf gießen. Dort unter ständigem Schlagen erhitzen, bis die Konsistenz dicklich wird. Mischung in eine saubere Schüssel umgießen. Mit Frischhaltefolie bedeckt abkühlen lassen. Für einige Stunden oder über Nacht kalt stellen.

2 Backofen auf 200 °C vorheizen und zwei bis drei Backbleche mit Backpapier auslegen. Brandteig in einen Spritzbeutel mit 5 mm großer runder Spritztülle füllen. Dann 24 größere (2,5 cm Ø) und 24 kleinere Teigbälle (1 cm Ø) auf die vorbereiteten Backbleche spritzen. Die Bälle 10–12 Min. im vorgeheizten Backofen auf der mittleren Schiene backen. Einen kleinen waagerechten Schlitz in die Unterseite jedes Bällchens schneiden, damit die Hitze entweichen kann, und die Bällchen für 5 Min. zurück in den Backofen stellen. Auf einem Kuchengitter vollständig abkühlen lassen.

3 Für die rosa Glasur Rosenwasser und Lebensmittelfarbe in Pink zum Zucker geben und mit einem Löffel glatt rühren. Die Glasur muss so cremig wie Schlagsahne sein. Ist sie zu flüssig, nach und nach je 1 TL Zucker unterrühren, bis sie die gewünschte Konsistenz hat.

4 Zum Füllen des Gebäcks Konditorcreme in einen Spritzbeutel mit kleiner runder Spritztülle geben. Tülle in die Öffnung jedes Windbeutels einführen und die Creme hinein spritzen. Sind sie vollständig gefüllt, tritt Creme wieder aus der Öffnung aus.

5 Glasur mit einem Spatel gleichmäßig auf der Oberseite der Windbeutel verstreichen. Dann die kleinen Windbeutel auf die großen setzen, solange die Glasur noch feucht ist. Nach Belieben eine kleine Liebesperle auf jede „Rosa Nonne" setzen.

6 Buttercreme in einen Spritzbeutel mit kleiner Sterntülle füllen. Mit der Creme dünne Streifen vom unteren Windbeutel bis zur Glasur des oberen Windbeutels spritzen. Bis zum Servieren kalt stellen. Die kleinen Gebäckstücke halten sich bis zu zwei Tage im Kühlschrank.

für 24 Stück

1 Rezeptmenge Brandteig (s. S. 69)

⅓ Rezeptmenge Vanille-Buttercreme (s. S. 13)

kleine Liebesperlen, zum Dekorieren (nach Belieben)

KONDITORCREME

225 ml Milch

1 TL Vanilleextrakt

4 Eigelbe

100 g extrafeiner Zucker

2 EL Mehl

2 EL Maisstärke

ROSA GLASUR

½ TL Rosenwasser (Apotheke)

Lebensmittelfarbe in Pink

200 g Puderzucker

TATSÄCHLICHE GRÖSSE

Karamell-Amaretto-Kringel

Zur Feier des Radrennens von Paris nach Brest wurde 1891 das berühmte Brandteiggebäck Paris-Brest erfunden. Das klassische Rezept der Brandteigkringel ist mit Kaffee aromatisiert. Diese Minis im Petit-Fours-Format bekommen durch die Amaretto-Sahne-Füllung einen feinen Mandelgeschmack und haben eine süß-klebrige Karamell-Glasur. Winzige Zuckerperlen bringen zusätzlichen Glanz ins Spiel.

für 30 Stück

1 Rezeptmenge Brandteig
(s. S. 69)

Kleine Zuckerperlen, zum
Dekorieren (nach Belieben)

**AMARETTO-SAHNE-
FÜLLUNG**

150 ml Sahne/Rahm

1 EL Amaretto (Menge nach
Belieben)

KARAMELL-GLASUR

50 g Butter

60 g brauner Zucker

2 EL Glukosesirup

2 EL Milch

125 g Puderzucker, gesiebt

1 Backofen auf 200 °C vorheizen. Zwei bis drei Backbleche mit Backpapier belegen. Brandteig in einen Spritzbeutel mit 5 mm großer runder Spritztülle füllen. Anschließend aus dem Brandteig 30 Ringe (4 cm Ø) in gleichmäßigen Abständen auf die mit Backpapier ausgelegten Backbleche spritzen. Mit einem feuchten Backpinsel über die Oberseite jedes Ringes streichen. Ringe 10 Min. im vorgeheizten Backofen auf der mittleren Schiene backen. Anschließend einen kleinen waagrechten Schlitz in jeden Ring schneiden, damit die Hitze entweichen kann. Ringe für 5 Min. zurück in den Backofen schieben. Nun in der Mitte waagrecht durchschneiden und auf einem Kuchengitter vollständig abkühlen lassen.

2 Für die Amaretto-Sahne-Füllung die Sahne mit einem elektrischen Handrührgerät steif schlagen und den Amaretto untermischen. Sahne in einen Spritzbeutel mit kleiner runder Spritztülle füllen. Kleine Tupfen zwischen die Ringhälften spritzen.

3 Für die Karamell-Glasur Butter, braunen Zucker und Glukosesirup in einem kleinen Topf bei mittlerer Temperatur unter Rühren erhitzen, bis Butter und Zucker geschmolzen sind und die Mischung gerade anfängt zu kochen. Milch unter Rühren zugießen und dann den Puderzucker einrühren. Masse so lange schlagen, bis sie eine glatte, dickliche Konsistenz hat. Karamell vom Herd nehmen und abkühlen lassen. Mit einem Spatel die Karamell-Glasur auf die Oberseite der Ringe streichen. Nach Belieben Zuckerperlen auf die noch feuchte Glasur streuen.

TATSÄCHLICHE GRÖSSE

Kekse und Plätzchen

Kekse und Plätzchen

Selbst gemachtes Gebäck schmeckt immer lecker und im Miniformat sind Kekse und Plätzchen noch verführerischer. Für besondere Anlässe können sie im Handumdrehen hübsch dekoriert werden. Sie sind vergleichsweise robust und können deshalb problemlos transportiert werden – also ideal zum Verschenken!

Vanillegebäck

Ein Keksrezept, für das man kein Backtriebmittel benötigt, ist immer praktisch, wenn Sie kleine Kekse backen wollen. Diese Plätzchen bleiben auch beim Backen in Form.

FÜR 45 STÜCK

175 g weiche Butter
200 g extrafeiner Zucker
2 Eier
1 TL Vanilleextrakt
400 g Mehl
Mehl für die Arbeitsfläche

Mit einem elektrischen Handrührgerät Butter und Zucker schaumig rühren. Nach und nach die Eier einzeln unterrühren. Dann den Vanilleextrakt hinzufügen.

Mehl sieben und löffelweise unterrühren. Den Teig zu einer flachen Scheibe formen, in Frischhaltefolie einwickeln und im Kühlschrank mindestens eine Stunde ruhen lassen, bis er fest ist.

Backofen auf 180 °C vorheizen. Ein Backblech mit Backpapier auslegen. Den Teig bei Zimmertemperatur wieder etwas weicher werden lassen und dann auf einer leicht mit Mehl bestäubten Arbeitsfläche ausrollen. Mit Ausstechformen nach Wahl ausstechen. Die Plätzchen auf das vorbereitete Backblech legen und im vorgeheizten Backofen 10–12 Min. auf der mittleren Schiene backen, bis die Ränder eine goldbraune Farbe annehmen. Auf einem Kuchengitter abkühlen lassen und dann verzieren.

TIPPS

Durch das Kühlen vor dem Backen behält weicher Teig seine Form und lässt sich einfacher verarbeiten. Bei Einhaltung der Kühlzeit lässt sich der Teig besser ausrollen und formen. Wird der Teig in Frischhaltefolie eingewickelt ins Tiefkühlfach gelegt, kann die Kühlzeit verkürzt werden. 20 Min. Kühlzeit im Tiefkühlfach entsprechen etwa einer Stunde im Kühlschrank.

Kekse und Plätzchen werden am besten auf einem flachen, mit Backpapier ausgelegten Backblech oder auf einer Silikonmatte gebacken. Das Backblech kann einen Rand haben, dieser darf aber nicht zu hoch sein, damit das Gebäck auch gleichmäßig bräunt.

Das Backblech muss kühl sein oder Zimmertemperatur haben, wenn der Teig daraufgelegt wird. Ist es zu warm, wird der Teig weich und Form und Textur des Gebäcks verändern sich.

Alle Stücke auf einem Backblech sollten die gleiche Dicke und Größe haben, damit sie gleich lange backen.

Plätzchen und Kekse immer vollständig auskühlen lassen, bevor sie in die Keksdose kommen, sonst „schwitzen" sie und werden weich.

TEIG EINFRIEREN

Meist lässt sich roher Teig gut einfrieren und hält sich vier bis sechs Wochen im Tiefkühlfach. Achten Sie darauf, dass der Teig im Tiefkühlfach keine fremden Gerüche annimmt. Deshalb immer gut (eventuell sogar doppelt) in Frischhaltefolie einwickeln. Vor dem Backen den Teig einige Stunden im Kühlschrank auftauen lassen und immer rechtzeitig aus dem Tiefkühlfach nehmen.

GEBÄCK EINFRIEREN

Durch das Einfrieren bleibt fertig gebackenes, noch undekoriertes Gebäck lange frisch – im Tiefkühlfach bis zu vier Wochen. Wickeln Sie es doppelt in Frischhaltefolie ein. Vor dem Verzehr bei Zimmertemperatur oder 30 Sek. auf höchster Stufe in der Mikrowelle auftauen lassen. (Die Zeiten richten sich nach der Keksgröße.) Aufgetaute Kekse und Plätzchen dann mit Glasur überziehen.

Gebackene Kaffeebohnen

Duftendes Kaffee-Buttergebäck wird zu winzigen ovalen Keksen geformt, die genauso aussehen – und auch genauso groß sind – wie geröstete Kaffeebohnen. Zudem haben sie diese markante Linie in der Mitte, die mit einem Zahnstocher hineingedrückt wird. Servieren Sie eine Handvoll Kaffeebohnen auf der Untertasse zu aromatischem Arabica-Kaffee. Die Gäste können dann abwechselnd knabbern und nippen.

für 200 Stück

175 g weiche Butter
200 g extrafeiner Zucker
2 Eier
2 TL Instant-Espressopulver oder lösliches Kaffeepulver
2 EL Wasser, kochend heiß
½ TL Vanilleextrakt
400 g Mehl

1 Mit einem elektrischen Handrührgerät Butter und Zucker schaumig rühren. Nach und nach die Eier einzeln unterrühren und alles zu einer glatten Masse verarbeiten. Espresso- oder Kaffeepulver mit kochendem Wasser vermischen. Flüssigkeit mit Vanilleextrakt zur Butter-Zucker-Masse geben und den Teig glatt rühren.

2 Mehl hineinsieben und mit einem Löffel gut unterarbeiten. Teig zu einer flachen Scheibe kneten, in Frischhaltefolie einwickeln und für mindestens eine Stunde im Kühlschrank ruhen lassen, bis er fest ist.

3 Backofen auf 180 °C vorheizen. Zwei Backbleche mit Backpapier belegen. Teig bei Zimmertemperatur wieder etwas weicher werden lassen. Kleine Teigkugeln zu 1 cm langen Ovalen ausrollen und auf die vorbereiteten Backbleche legen. Mit einem Zahnstocher eine waagerechte Linie eindrücken, sodass das Gebäck die Form einer Kaffeebohne bekommt. Im vorgeheizten Backofen 3–5 Min. auf der mittleren Schiene backen, bis die Bohnen gerade fest sind. Auf einem Kuchengitter vollständig abkühlen lassen.

TATSÄCHLICHE GRÖSSE

Bunte Flammen-Plätzchen

Das Frosting auf den kleinen Butterplätzchen wird fest, sodass sie sich gut als Geschenk verpacken lassen und unversehrt ans Ziel kommen. Mit ihrem leckeren Pastellobers sehen sie wunderhübsch aus – perfekt für ein Kaffeekränzchen oder den Kindergeburtstag.

für 75 Stück

250 g Mehl
½ TL Salz
½ TL Backpulver
2 EL extrafeiner Zucker
100 g weiche Butter, gewürfelt
140 ml Milch
Mehl für die Arbeitsfläche

FROSTING

250 g Puderzucker, gesiebt
1 Eiweiß
½ TL Zitronensaft
verschiedene Lebensmittelfarben (z.B. Pink, Violett, Orange, Grün)

1 Alle trockenen Zutaten in einer großen Schüssel mischen. Butter mit den Fingerspitzen hineinreiben, bis die Mischung Brotkrümeln ähnelt. Nach und nach die Milch esslöffelweise zugeben und den Teig glatt verkneten. Teig in Frischhaltefolie einwickeln und für mindestens eine Stunde in den Kühlschrank legen, bis er fest ist.

2 Backofen auf 180 °C vorheizen. Ein Backblech mit Backpapier belegen. Teig auf einer mit Mehl leicht bestäubten Arbeitsfläche ausrollen und mit einem runden Ausstecher (2 cm Ø) Scheiben ausstechen. Diese auf das vorbereitete Backblech legen und im vorgeheizten Backofen 20 Min. auf der mittleren Schiene leicht goldbraun backen. Plätzchen auf einem Kuchengitter vollständig abkühlen lassen, erst dann dekorieren.

3 Für das Frosting Puderzucker und Eiweiß mit einem elektrischen Handrührgerät 5 Min. rühren, bis die Zuckermasse eine feste Konsistenz annimmt. Zitronensaft mit einem Holzlöffel untermischen. Masse auf verschiedene Schüsseln aufteilen und jeweils mit einer Lebensmittelfarbe einfärben. Jeweils in einzelne Spritzbeutel mit kleiner Sterntülle füllen und auf jedes Plätzchen spritzen. Über Nacht bei Zimmertemperatur trocknen lassen und erst dann servieren.

TATSÄCHLICHE GRÖSSE

Mini-Spitzbuben

Knusprige Kekse mit fruchtiger Füllung – mit selbst gemachter Erdbeerkonfitüre wird daraus ein wahrer Hochgenuss. Doch auch andere Geschmacksrichtungen sind köstlich dazu. Wenn Sie keine Mini-Ausstecher zur Hand haben, um die kleinen Sterne in der Mitte auszustechen, verwenden Sie ersatzweise einen Strohhalm.

1 Mit einem elektrischen Handrührgerät Butter und Zucker schaumig rühren. Nach und nach die Eier einzeln unterrühren, bis eine glatte Masse entstanden ist, dann den Vanilleextrakt hinzufügen.

2 Mehl hineinsieben und mit dem Löffel zu einem glatten Teig verarbeiten. Teig zu einer flachen Scheibe formen, in Frischhaltefolie einwickeln und für mindestens eine Stunde in den Kühlschrank legen, bis er fest ist.

3 Backofen auf 180 °C vorheizen. Ein Backblech mit Backpapier belegen. Teig bei Zimmertemperatur wieder etwas weicher werden lassen. Dann auf einer leicht mit Mehl bestäubten Arbeitsfläche 5 mm dick ausrollen. Mit einem Ausstecher (3,5 cm Ø) Scheiben ausstechen und auf das vorbereitete Backblech legen. Mit einem kleinen Ausstecher in Sternform (oder nach Belieben in einer anderen Form) ein Loch aus jedem zweiten Keks stechen. Im vorgeheizten Backofen 10–12 Min. auf der mittleren Schiene backen, bis die Ränder leicht goldbraun sind und die Oberfläche auf Druck leicht nachgibt. Kekse auf einem Kuchengitter vollständig abkühlen lassen.

4 Erdbeerkonfitüre auf jedem ganzen Keks verstreichen, dann jeweils einen Keks mit Öffnung daraufsetzen. Nach Belieben mit Puderzucker bestäuben und dann servieren.

für 40 Stück

175 g weiche Butter

200 g extrafeiner Zucker

3 Eier

½ TL Vanilleextrakt

400 g Mehl

6 EL Erdbeerkonfitüre oder -gelee

Puderzucker zum Bestäuben (nach Belieben)

Mehl für die Arbeitsfläche

TATSÄCHLICHE GRÖSSE

Terrassenplätzchen

Brauner Zucker und Kakaopulver verleihen den kleinen Türmchen eine schokoladige Note, während ihre Form an Hochzeitstorten im Miniaturformat erinnert – verziert mit Perlen aus Zuckerguss und hübschen Zuckerrosen. Sie eignen sich auch als Stütze für Tischkärtchen oder als nettes Dankeschön.

für 24 Stück

225 g weiche Butter

225 g brauner Zucker

1 Ei, verquirlt

425 g Mehl

30 g ungesüßtes Kakaopulver
zum Backen

Zuckerrosen oder andere
essbare Dekorationen

Mehl für die Arbeitsfläche

GLASUR

250 g Puderzucker,
gesiebt

1 Eiweiß

1 TL Zitronensaft,
frisch gepresst

1 Butter und Zucker mit einem elektrischen Handrührgerät verrühren, bis eine glatte und cremige Masse entsteht. Ei dazugeben und weiterrühren, bis alles gut vermischt ist.

2 Mehl und Kakaopulver hineinsieben und bei niedriger Stufe unterrühren, bis sich der Teig zur Kugel formt. Teig in Frischhaltefolie einwickeln und im Kühlschrank für mindestens eine Stunde kühl stellen, bis er fest ist.

3 Backofen auf 180° C vorheizen. Zwei Backbleche mit Backpapier belegen. Teig bei Zimmertemperatur wieder etwas weicher werden lassen, dann auf einer leicht mit Mehl bestäubten Arbeitsfläche 5 mm dick ausrollen.

4 Mit runden Ausstechformen (2,5 cm, 3,5 cm und 4 cm Ø) drei verschieden große Kreise für jedes Plätzchen ausstechen. Auf die mit Backpapier belegten Backbleche setzen und im vorgeheizten Backofen 10–12 Min. backen, bis das Gebäck leicht gebräunt ist und auf Druck noch etwas nachgibt. Auf einem Kuchengitter abkühlen lassen.

5 Für die Glasur mit einem elektrischen Handrührgerät Puderzucker und Eiweiß auf niedriger Stufe 5 Min. verrühren, bis die Glasur eine feste Konsistenz hat. Mit einem Holzlöffel den Zitronensaft unterziehen. Mit ein wenig Glasur je drei verschieden große Plätzchen zusammensetzen. Dabei kommt das kleinste nach oben, das größte nach unten, wie bei einer dreistöckigen Minitorte. Restliche Glasur in einen Spritzbeutel mit runder, 5 mm breiter Spritztülle füllen und kleine Tupfen rund um den Rand jeder Etage spritzen. Eine Zuckerrose oder andere essbare Dekoration mit etwas Glasur oben aufsetzen. Glasur bei Zimmertemperatur (möglichst über Nacht) trocknen lassen, dann servieren.

TATSÄCHLICHE GRÖSSE

Kokoskekse

Diese weiche Kokos-Mischung ist leicht formbar – hier werden daraus Mini-X- und -O-Formen. Haben Sie früher „Drei gewinnt" gespielt? (Hier darf der Gewinner alle Kreuzchen und Kringel aufessen.) Aber auch Sterne, Blüten, Schmetterlinge oder andere Formen sind möglich. Die Kokoskekse sind von der Zubereitung her das schnellste Rezept im ganzen Buch. Sie werden allerdings bei niedriger Hitze gebacken, sodass das Backen etwas Zeit in Anspruch nimmt.

1 Backofen auf 140 °C vorheizen. Ein Backblech mit Backpapier belegen. Eiweiß in einer sauberen, fettfreien Schüssel steif schlagen. Zucker und Kokosraspeln mit einem Spatel vorsichtig unterheben. Eventuell den Teig auf verschiedene Schüsseln aufteilen und jeweils mit einer anderen Lebensmittelfarbe einfärben.

2 Den Teig 15–20 Min. ruhen lassen, bis er fest wird. Dann zu kleinen Kreuzen und Kringeln formen. Der Teig lässt sich mit der Hand formen oder er wird in kleine Ausstechformen gedrückt. (Ich habe beispielsweise X- und O-Ausstechformen verwendet.) Kekse auf das mit Backpapier belegte Backblech setzen und im vorgeheizten Backofen 45 Minuten auf der mittleren Schiene backen, bis sie leicht Farbe bekommen. Auf einem Kuchengitter vollständig abkühlen lassen.

TIPP

Beachten Sie, dass eingefärbte Kekse, genau wie jeder andere eingefärbte Kuchenteig, beim Backen dunkler werden.

für 30 Stück

2 Eiweiß

150 g extrafeiner Zucker

150 g Kokosraspeln

verschiedene Lebensmittelfarben, z.B. Pink oder Lila (nach Belieben)

TATSÄCHLICHE GRÖSSE

Gepunktetes Zitronen-Buttergebäck

Spritziges Zitronen-Buttergebäck bekommt eine Glasur mit Punkten und wird mit einem Schleifenband geschmückt. Die Winzlinge sind fast zu schön zum Essen… Die „Flooding"-Technik bei der Glasur ist praktisch, vor allem bei Themengebäck, das Sie für jeden Anlass passend herstellen können.

für 45 Stück

175 g weiche Butter
200 g extrafeiner Zucker
2 Eier
½ TL Vanilleextrakt
1 TL Limoncello oder Zitronensaft, frisch gepresst
400 g Mehl
½ unbehandelte Bio-Zitrone, Schalenabrieb
Mehl für die Arbeitsfläche

GLASUR

250 g Puderzucker, gesiebt
1 Eiweiß
1 TL Limoncello oder Zitronensaft, frisch gepresst
gelbe Lebensmittelfarbe

1 Mit einem elektrischen Handrührgerät Butter und Zucker zu einer schaumigen Masse aufschlagen. Nach und nach die Eier einzeln dazugeben. Anschließend Vanilleextrakt und Limoncello oder frisch gepressten Zitronensaft untermischen.

2 Mehl hineinsieben und die abgeriebene Zitronenschale hinzufügen. Alle Zutaten mit dem Rührlöffel zu einem glatten Teig verarbeiten. Teig zu einer flachen Scheibe formen und in Frischhaltefolie einwickeln. Für mind. eine Stunde in den Kühlschrank legen, bis er fest ist.

3 Backofen auf 180 °C vorheizen. Ein Backblech mit Backpapier belegen. Teig bei Zimmertemperatur wieder etwas weicher werden lassen, dann auf einer leicht mit Mehl bestäubten Arbeitsfläche 5 mm dick ausrollen. Mit einer runden Ausstechform (4 cm ∅) Scheiben ausstechen. Auf das mit Backpapier belegte Backblech setzen und mit einer runden Spritztülle ein kleines Loch in jeden Gebäckrand stechen. Im vorgeheizten Backofen 10–12 Min. backen, bis die Kekse am Rand leicht gebräunt sind. Auf einem Kuchengitter gut abkühlen lassen.

4 Für die Glasur mit einem elektrischen Handrührgerät Puderzucker und Eiweiß auf niedriger Stufe 5 Min. verrühren, bis die Glasur eine feste Konsistenz hat. Mit einem Holzlöffel Limoncello oder Zitronensaft unterziehen. Ein Drittel der Glasur in einen Spritzbeutel mit kleiner runder Spritztülle füllen und mit der Glasur die Konturen am Keksrand und um das Loch herum aufspritzen. Die Hälfte der restlichen Glasur in eine Schüssel löffeln und mit gelber Lebensmittelfarbe einfärben. Langsam einige Tropfen Wasser unterrühren, bis die Glasur etwas flüssiger wird. Auch unter die übrige weiße Glasur ein paar Tropfen Wasser rühren.

5 Nun zwei Spritzflaschen mit den beiden Glasuren füllen. Mit der weißen Glasur vorsichtig die Innenflächen des Gebäcks füllen. Während die Glasur noch feucht ist, mit gelber Glasur kleine Tupfen auf die gefüllten Innenflächen tupfen, sodass ein hübsches Pünktchenmuster entsteht. Kekse bei Zimmertemperatur (möglichst über Nacht) trocknen lassen. Zum Schluss ein dünnes Schleifenband durch jedes Loch ziehen und zur Schleife binden.

TIPP Kekse unter einer Lampe mit Glühbirne trocknen lassen. So werden sie schön glänzend.

TATSÄCHLICHE GRÖSSE

Cupcakes

Cupcakes

In Backbüchern und im Internet wimmelt es von Cupcake-Rezepten, doch schwieriger wird es, wenn man Rezepte für Mini-Cupcakes sucht. Glücklicherweise ist es nicht allzu kompliziert, die Lieblings-Cupcakes mit einigen einfachen Tricks eine Nummer kleiner zu backen.

MINI-CUPCAKES BACKEN

Die meisten Cupcake-Rezepte eignen sich auch für Mini-Cupcakes. Für einen Mini-Cupcake braucht man etwa ein Drittel der Teigmenge eines normalen Cupcakes. Wenn Sie also ein Rezept für zwölf normal große Cupcakes haben, können Sie mit derselben Teigmenge 36 Mini-Cupcakes backen. Es ist einfacher, auf ein bewährtes Rezept zurückzugreifen und eine große Menge kleiner Cupcakes zu backen, als die Mengen für die Rezeptzutaten herunterzurechnen.

Ist der Cupcake-Teig zubereitet, die Vertiefungen eines Mini-Muffinblechs mit Mini-Cupcake-Förmchen auslegen und jede zu etwa zwei Dritteln mit Teig füllen. Mit einem Teelöffel ist das sehr aufwendig, deshalb empfiehlt es sich, den Teig in einen großen Einmal-Spritzbeutel mit kleiner runder Spritztülle zu füllen und in die Förmchen zu spritzen. So werden die Cupcakes alle gleich groß.

BACKZEITEN FÜR MINI-CUPCAKES

Während normale Cupcakes etwa 20–25 Min. backen, reduziert sich die Backzeit bei Mini-Cupcakes und sie sind meist schon nach 10–15 Min. fertig. Nach 10 Min. eventuell mit einem Holzspieß in einen der Cupcakes stechen. Kommt er nicht sauber wieder heraus, ist der Cupcake noch nicht fertig gebacken. Dann einige Minuten weiterbacken. Mini-Cupcakes sind schnell zu dunkel gebacken. Deshalb lassen Sie sie im Backofen nicht aus den Augen.

ZUTATEN FÜR MINI-CUPCAKES

Wenn in einem normalen Cupcake-Rezept Zutaten wie Früchte, Nüsse oder Schokostreusel in den Teig kommen, sollten diese Zutaten bei Mini-Cupcakes nur ganz fein gehackt untergerührt werden, sonst sind sie zu dominant. Während ganze Blaubeeren in normalen Cupcakes eine nette Überraschung sein können, füllen sie ein Mini-Cupcake-Förmchen fast vollständig aus und lassen kaum noch Platz für den Teig. Denken Sie daran, die zusätzlichen Zutaten immer zu zerkleinern, damit sie zur Größe der Mini-Cupcakes passen.

MINI-CUPCAKES DEKORIEREN

Ein Mini-Cupcake kann auch schnell zu überladen aussehen. Am besten dekorieren Sie die Küchlein mit kleinen Dekorationen wie Streuseln, fein gehackten Nüssen und kleinen Schokostückchen statt mit ganzen Früchten oder einem dicken Fondant-Überzug.

Möchten Sie die Cupcakes auf einer Etagère oder einer Platte servieren, empfiehlt es sich, zunächst das Frosting aufzuspritzen, die Dekorationen aber erst aufzubringen, nachdem die Cupcakes fertig arrangiert sind. Versuchen Sie auch, die Cupcakes möglichst selten hochzunehmen, damit das Frosting nicht verschmiert wird. Am besten die Cupcakes am selben Tag dekorieren und servieren.

CUPCAKES AUFBEWAHREN

In einem Behälter für Cupcakes können diese über Nacht bei Zimmertemperatur aufbewahrt werden. Cupcakes mit leicht verderblichem Frosting noch am Tag der Zubereitung verzehren. Im Kühlschrank halten sie sich auch bis zum nächsten Tag. Noch nicht dekorierte Cupcakes können nach dem Backen direkt eingefroren werden. Kurz vor dem Verzieren werden sie dann bei Zimmertemperatur aufgetaut.

Erdnussbutter-Schokoladen-Cupcakes

Auf meiner Liste kulinarischer Genüsse darf ein Schoko-Cupcake auf keinen Fall fehlen. Dies ist mein absoluter Favorit – dunkle Schokolade und brauner Zucker vereinen sich hier zu einem Genussduo, während gemahlene Mandeln den Teig locker und saftig machen. Die Cupcakes bekommen zum Schluss ein Frosting aus Erdnussbutter – einfach himmlisch zu dem gehaltvollen Kuchen, vor allem, da das Erdnuss-Frosting ein wunderbarer Ausgleich zur Schokolade ist.

für 30 Stück

60 g dunkle Schokolade, Kakaoanteil mind. 70 %, gehackt

160 ml Wasser

100 g weiche Butter

225 g brauner Zucker

3 Eier

100 g Mehl

¾ TL Backpulver

2 EL ungesüßtes Kakaopulver zum Backen

40 g Mandeln, fein gemahlen

ERDNUSSBUTTER-FROSTING

50 g weiche Butter

100 g glatte Erdnussbutter

300 g Puderzucker, gesiebt

50 ml Milch

2 EL gesalzene Erdnüsse, halbiert

1 Backofen auf 180 °C vorheizen. 30 Mulden eines Mini-Muffinblechs mit Mini-Papierförmchen auslegen. Für die Cupcakes Schokolade und Wasser in einem kleinen Topf bei geringer Hitze glatt rühren. Mit einem elektrischen Handrührgerät Butter, Zucker und Eier zu einer schaumigen Masse verrühren. Mehl, Backpulver, Kakaopulver, gemahlene Mandeln und flüssige Schokolade dazugeben und alles zu einem glatten Teig vermischen.

2 Mit einem Löffel die Papierförmchen zur Hälfte mit dem Teig füllen und die Cupcakes etwa 15 Min. im vorgeheizten Backofen auf der mittleren Schiene backen. Die Garprobe machen: An einem hineingesteckten Holzspieß darf nichts kleben bleiben. Cupcakes einige Minuten in der Form ausdampfen lassen, dann auf einem Kuchengitter vollständig abkühlen lassen.

3 Für das Erdnussbutter-Frosting mit einem elektrischen Handrührgerät auf höchster Stufe Butter und Erdnussbutter 2 Min. schaumig rühren. Nach und nach Zucker und Milch dazugeben und alles zu einer leichten, glatten Masse verrühren. Frosting in einen Spritzbeutel mit kleiner Sterntülle füllen und kleine Rosetten auf jeden Cupcake spritzen. Mit einer halben Erdnuss dekorieren.

TATSÄCHLICHE GRÖSSE

White Russian Cupcakes

*Angelehnt an den klassischen Cocktail aus Wodka, Kaffeelikör und Sahne, haben diese unschuldig an-
mutenden Minis nicht ganz so viel Schwips, sind aber genauso köstlich wie der Drink, der als Inspiration
diente. Für eine alkoholfreie Version ersetzen Sie Likör und Wodka einfach durch etwas Kaffeearoma.*

für 24 Stück

125 g Mehl

½ TL Backpulver, ¼ TL Natron

1 kleine Prise Salz

5 EL Kaffeelikör (nach Geschmack)

2 TL lösliches Kaffeepulver

115 g weiche Butter

175 g extrafeiner Zucker

2 Eiweiß

5 EL fettarme Milch

kleine Zuckerblüten, zum Dekorieren

WEISSE SCHOKO-
WODKA-GANACHE

150 ml Sahne/Rahm, 25 g Butter

250 g weiße Schokolade,
geschmolzen (s. S. 41)

6 EL Wodka

KAFFEE-BAISER-
BUTTERCREME

120 g extrafeiner Zucker

2 Eiweiß

240 g weiche Butter

6 EL Kaffeelikör (nach Geschmack)

1 Backofen auf 180 °C vorheizen. 24 Mulden eines Mini-Muffinblechs mit Mini-Papierförmchen auslegen. In einer Schüssel Mehl,
Backpulver, Natron und Salz vermischen und beiseitestellen. In
einer zweiten Schüssel Kaffeelikör und -pulver mischen. Butter und
Zucker schaumig schlagen. Nach und nach Eiweiß dazugeben und
unterrühren. Nun abwechselnd Milch, Mehlmischung und Kaffeeli-
körmischung hinzufügen und alles zu einem glatten Teig verrühren.

2 Mit einem Löffel die Papierförmchen zu zwei Dritteln mit Teig
füllen und die Cupcakes etwa 12 Min. im vorgeheizten Backofen auf
der mittleren Schiene backen. Bei der Garprobe darf an einem hineingesteckten Holzspieß nichts mehr kleben bleiben. Cupcakes vor
dem Füllen und Verzieren vollständig abkühlen lassen.

3 In der Zwischenzeit die Ganache zubereiten: Sahne und Butter in
einem kleinen Topf aufkochen, bis sich kleine Bläschen bilden. Topf
vom Herd nehmen, geschmolzene weiße Schokolade gründlich unterrühren. Wodka zugießen, alles zu einer glatten Masse verrühren.
Ganache abdecken und eine Stunde in den Kühlschrank stellen.

4 Für die Buttercreme Zucker und Eiweiß mischen und in einer
Metallschüssel über dem Wasserbad verrühren, bis sich der Zucker
aufgelöst hat. Die Schüssel vom Wasserbad nehmen und die Mischung mit einem elektrischen Handrührgerät auf höchster Stufe 5
Min. schlagen, bis der Eischnee schön weiß und sehr fest ist. Butter
in acht Würfel teilen. Die Geschwindigkeit des Handrührgeräts auf
mittlere Stufe reduzieren und die Butter würfelweise nach und nach
zugeben. Dann den Kaffeelikör unterrühren. Buttercreme in einen
Spritzbeutel mit kleiner Sterntülle füllen.

5 Mit einem kleinen Messer oder einem
Teigausstecher etwa zwei Drittel der
Teigmitte herausnehmen und die
Öffnung mit Ganache füllen.
Eine Buttercreme-Rosette auf
jeden Cupcake spritzen und
nach Belieben eine kleine
Zuckerblüte als Dekoration
aufsetzen.

TATSÄCHLICHE GRÖSSE

Mojito Cupcakes

Der Genuss eines guten Mojitos liegt in seinen ausgewogenen Aromen: Rum, Limette und Minze müssen für einen guten Drink im richtigen Verhältnis gemixt werden. Diese Mini-Mojitos sind genau das, was Sie an einem perfekten Cocktail schätzen – aber in Cupcake-Form. Die gebackenen kleinen Kuchen werden in Rum und Minzsirup getränkt und erhalten ein Topping aus Limetten-Buttercreme mit einem Hauch von Rum.

1 Backofen auf 180 °C vorheizen. 48 Mulden von zwei Mini-Muffin-Blechen mit Mini-Papierförmchen auslegen. Für die Cupcakes in einer Schüssel Mehl, Backpulver, Natron und Salz vermischen und beiseitestellen. In einer zweiten Schüssel Buttermilch, Rum und Vanilleextrakt mischen. Mit einem elektrischen Handrührgerät Butter und Zucker 5 Min. zu einer hellen, schaumigen Masse verrühren. Dann nach und nach die Eier einzeln dazugeben und jeweils gut untermischen. Abwechselnd Mehlmischung und Buttermilchmischung hinzufügen und gut verrühren.

2 Mit einem Löffel die Papierförmchen zu zwei Dritteln mit Teig füllen und die Cupcakes 12–15 Min. im vorgeheizten Backofen auf der mittleren Schiene backen. Bei der Garprobe darf an einem hineingesteckten Holzspieß nichts mehr kleben bleiben. Cupcakes auf einem Kuchengitter einige Minuten abkühlen lassen.

3 In der Zwischenzeit den Rum-Sirup zubereiten: Butter, Zucker und Wasser in einen Topf geben und unter Rühren aufkochen lassen, bis die Butter geschmolzen ist und der Zucker sich aufgelöst hat. Topf vom Herd nehmen und den Rum einrühren. Die Mischung wird aufsprudeln, verbrennen Sie sich nicht! Limettenschale, -saft und Minze dazugeben. Den Sirup 5 Min. aromatisieren lassen, dann die Minzblätter entfernen.

4 Mit einem Zahnstocher kleine Löcher in die Oberseite der noch warmen Cupcakes stechen. Rum-Sirup sofort darüberlöffeln und einziehen lassen. Die Cupcakes vollständig abkühlen lassen, bevor Sie die Buttercreme aufspritzen.

5 Für die Buttercreme Butter mit einem elektrischen Handrührgerät auf höchster Stufe 2 Min. schaumig rühren, dann auf niedriger Stufe nach und nach den Zucker einrieseln lassen. Sobald er komplett untergerührt ist, die Creme weitere 2–3 Min. auf höchster Stufe rühren. Rum und Limettensaft dazugeben und bei mittlerer Stufe gut untermischen. Buttercreme in einen Spritzbeutel mit kleiner Sterntülle füllen und mit einer schwungvoller Drehung eine Rosette auf jeden Cupcake spritzen. Zum Schluss mit etwas abgeriebener Limettenschale bestreuen.

für 48 Stück

375 g Mehl
1 TL Backpulver
½ TL Natron
1 Prise Salz
275 ml Buttermilch
1 EL brauner Rum
½ TL Vanilleextrakt
225 g weiche Butter
4 Eier

RUM-SIRUP

55 g Butter
225 g extrafeiner Zucker
4 EL kaltes Wasser
4 EL brauner Rum
½ unbehandelte Bio-Zitrone, Schalenabrieb und Saft
25 g frische Minzblätter

LIMETTEN-RUM-BUTTERCREME

240 g weiche Butter
600 g Puderzucker, gesiebt
4 EL brauner Rum
1 unbehandelte Bio-Limette, Schalenabrieb (Dekoration) und Saft

TATSÄCHLICHE GRÖSSE

Weiße Schokoladen-Mudcakes

*Eigentlich werden Mudcakes mit dunkler Schokolade zubereitet (daher auch der Name „Schlamm-Kuchen"),
doch diese kleinen Cupcakes sind quasi die Vanille-Variante mit cremiger weißer Schokolade und zwei-
farbiger Himbeer-Vanille-Buttercreme, bestreut mit kleinen Zuckerherzen – der perfekte Genuss für den
Valentinstag oder eine Hochzeit.*

für 48 Stück

125 weiche Butter, gewürfelt

80 g weiße Schokolade

225 g extrafeiner Zucker

⅛ Milch

150 g Mehl

½ TL Backpulver

2 Eier

Zuckerstreusel,
z.B. Mini-Zuckerherzen,
zum Dekorieren

BUTTERCREME

175 g weiche Butter

350 g Puderzucker, gesiebt

1 TL Vanilleextrakt

2 EL abgekochtes Wasser, abgekühlt

2 EL Himbeerkonfitüre

1 Backofen auf 180 °C vorheizen. 48 Mulden von zwei Mini-Muffin-
Blechen mit Mini-Papierförmchen auslegen. Für die Cupcakes Butter, weiße Schokolade, Zucker und Milch in einem Topf bei geringer
Hitze zu einer glatten Masse verrühren. In eine mittelgroße Schüssel
füllen und auf Zimmertemperatur abkühlen lassen.
2 Mehl und Backpulver vermengen und in die abgekühlte Mischung geben. Eier unterrühren. Mit einem Löffel die Papierförmchen zu zwei Dritteln mit Teig füllen und die Cupcakes etwa 15 Min.
im vorgeheizten Backofen auf der mittleren Schiene backen. Bei der
Garprobe darf an einem hineingesteckten Holzspieß nichts mehr
kleben bleiben. Cupcakes in der Backform einige Minuten ausdampfen lassen, dann auf ein Kuchengitter setzen und vollständig
abkühlen lassen.
3 Für die Buttercreme Butter und Puderzucker mit einem elektrischen Handrührgerät auf höchster Stufe 5 Min. schaumig rühren,
dann Vanilleextrakt und Wasser zugießen und die Creme auf mittlerer Stufe glatt verrühren. Creme auf zwei Schüsseln verteilen. Die
Himbeerkonfitüre in eine Schüssel geben und mit der Creme verrühren. Die eine Seite eines Spritzbeutels mit kleiner Sterntülle mit der
Vanille-Buttercreme und die andere Seite mit der Himbeer-Butter-
creme füllen. Buttercreme zum Testen in eine Schüssel spritzen, um
zu kontrollieren, ob die Creme zweifarbig herauskommt. Dann eine
zweifarbige Rosette auf jeden Cupcake spritzen und mit Streuseln
oder kleinen Zuckerherzen bestreuen.

TATSÄCHLICHE GRÖSSE

TIPP

Streusel oder andere Dekorationen immer auf die frisch aufgespritzte Buttercreme streuen, sonst bleiben sie nicht gut auf der Creme haften.

Kokos-Cupcakes

Diese kleinen geschichteten Schönheiten werden alle Naschkatze begeistern. Ein fluffiger Vanilleteig bekommt eine Füllung aus Erdbeersahne und eine pinkfarbene Zuckerglasur. Zum Schluss werden die Cupcakes noch in Kokosraspel gerollt – ein wundervolles Bukett von Aromen in einem winzigen Cupcake.

für 36 Stück

150 g Mehl
1 TL Backpulver
100 g weiche Butter
1 TL Vanilleextrakt
115 g extrafeiner Zucker
3 Eier
2 EL Milch

GLASUR UND DEKORATION

115 g Puderzucker
½ TL Butter
2 Trp Lebensmittelfarbe in Pink
1 EL heißes Wasser
75 g Kokosraspel
10 EL Erdbeerkonfitüre
300 ml Sahne/Rahm, steif geschlagen
Zuckerblüten, zum Dekorieren (nach Belieben)

1 Backofen auf 180 °C vorheizen. 36 Mulden eines Mini-Muffinblechs mit Mini-Papierförmchen auslegen. Für die Cupcakes Mehl und Backpulver in eine Schüssel sieben, dann Butter, Vanilleextrakt, Zucker, Eier und Milch hinzufügen. Mit einem elektrischen Handrührgerät auf niedriger Stufe gründlich verrühren. Dann auf mittlerer Stufe zu einem hellen Teig verrühren.

2 Mit einem Löffel die Papierförmchen zur Hälfte mit Teig füllen und die Cupcakes 12 Min. im vorgeheizten Backofen auf der mittleren Schiene backen. Bei der Garprobe darf an einem hineingesteckten Holzspieß nichts mehr kleben bleiben. Cupcakes auf einem Kuchengitter vollständig abkühlen lassen.

3 Für die Glasur Zucker in eine kleine Metallschüssel geben und mit Butter, Lebensmittelfarbe und heißem Wasser zu einer dickcremigen Paste verrühren. Schüssel mit der Glasur auf einen kleinen Topf mit siedendem Wasser setzen und die Glasur rühren, bis sie eine streichfähige Konsistenz annimmt.

4 Sobald die Cupcakes abgekühlt sind, Glasur mit einem Spatel auf der Oberseite jedes Cupcakes verstreichen. Dann die Cupcakes sofort in die Kokosraspel tauchen. Glasur einige Minuten fest werden lassen, dann mit einem kleinen Messer vorsichtig oben in jedem Cupcake ein kleines Loch aushöhlen. Jedes Loch zu zwei Dritteln mit Erdbeerkonfitüre füllen. Schlagsahne in einen Spritzbeutel mit kleiner Sterntülle füllen und eine Sahnerosette auf jedes gefüllte Loch spritzen. Nach Belieben mit einigen Zuckerblüten dekorieren.

TATSÄCHLICHE GRÖSSE

Herzhaftes Gebäck

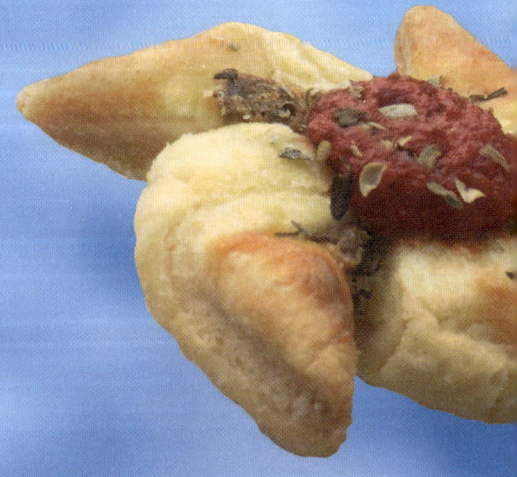

Herzhaftes Gebäck

Niedliche kleine Gebäckstücke müssen nicht unbedingt eine Nachspeise sein. Das Beste gibt es nur in kleinen Mengen – und genauso ist es auch bei den wohlschmeckenden, mundgerechten kleinen Canapés. Traditionell haben Canapés einen Boden aus Blätterteig oder Mürbeteig. Beim Belag sind kaum Grenzen gesetzt.

Blätterteig

Blätterteig selbst herzustellen, ist sehr zeit- und arbeitsaufwendig, deshalb wird in den Rezepten im Buch hauptsächlich fertiger Blätterteig verwendet. Falls Sie jedoch genug Zeit haben, können Sie auch Ihren eigenen Blätterteig herstellen.

250 g Mehl
½ TL Salz
40 g gekühlte Butter, gewürfelt
⅛ l eiskaltes Wasser
100 g weiche Butter
Mehl für die Arbeitsfläche

1 Mehl und Salz in einer großen Schüssel vermischen, gekühlte Butterwürfel dazugeben.
2 Butter mit den Fingerspitzen ins Mehl einarbeiten, bis alles krümelig vermischt ist. In die Mitte der Mischung eine kleine Mulde drücken und das eisgekühlte Wasser hineingießen. Alle Zutaten rasch zu einem glatten Teig verkneten. Teig zur Kugel formen, in Plastikfolie einwickeln und für 30 Min. in den Kühlschrank legen.
3 Mit einer leicht mit Mehl bestäubten Teigrolle aus dem Teig ein 10 × 30 cm großes Rechteck ausrollen. Weiche Butter zwischen zwei Lagen Frischhaltefolie legen und mit der Teigrolle zu einem 8 × 9 cm großen Rechteck ausrollen. Teig mit der kurzen Seite nach unten auf eine leicht mit Mehl bestäubte Arbeitsfläche legen. Frischhaltefolie von der Butter entfernen und das Butterrechteck in die Teigmitte legen. Das untere Ende des Teigs darüberschlagen, dann das gegenüberliegende Ende ebenfalls darüberschlagen, sodass die Butter vom Teig vollständig bedeckt ist.

4 Teig im Uhrzeigersinn um 90 Grad drehen, Ränder leicht zusammendrücken. Mit einer Antihaft-Teigrolle vorsichtig über den Teig gehen, um die Butter im Teig flach zu rollen. Teig zu einem 10 × 30 cm großen Rechteck ausrollen und wie zuvor falten. Mit Frischhaltefolie abdecken und für 30 Min. in den Kühlschrank legen.
5 Teig aus dem Kühlschrank nehmen und noch zweimal rollen und falten wie zuvor. Erneut mit Frischhaltefolie abdecken und wieder für 30 Min. im Kühlschrank ruhen lassen. Das Rollen und Falten noch weitere zweimal wiederholen und dann den Teig wiederum 30 Min. im Kühlschrank ruhen lassen. Nach insgesamt sechs Vorgängen Rollen, Falten und Drehen ist der Blätterteig fertig.
6 Teig aus dem Kühlschrank nehmen und das Rollen und Falten noch zweimal wiederholen, bevor Sie den Teig in die vom Rezept vorgegebene Größe ausrollen.

TIPPS

Canapés sollten als mundgerechte Häppchen serviert werden, sonst gelten sie bereits als Fingerfood. Mit frischen saisonalen Zutaten gelingen die schmackhaftesten Canapés.
Meist können Canapés erst im letzten Moment zubereitet werden. Deshalb empfiehlt es sich, alle Zutaten bereits im Voraus vorzubereiten. Dann geht das Zusammensetzen schnell und einfach. Sie sollten eine ungefähre Vorstellung davon haben, wie Ihre Canapés aussehen sollen. Dann können Sie sie schnell auf Platten anrichten, kurz bevor die Gäste eintreffen, und müssen sich nicht mehr unnötig lange mit dem Dekorieren aufhalten.

Spinat-Feta-Ecken

Inspiriert von den griechischen Spanakopita, hier jedoch eingehüllt von Blätterteig statt traditionellem Filoteig, sind diese walnussgroßen Snacks luftigleicht, mit knuspriger Außenhülle und einer Käse-Spinat-Füllung mit einem Hauch Muskat. Warm serviert sind sie ideal als kleine Häppchen. Sie sind schnell verzehrt, deshalb backen Sie am besten gleich die doppelte Menge.

für 40 Stück

250 g Baby-Spinatblätter,
gewaschen und gehackt

2 Schalotten, geschält und fein gehackt

100 g Feta-Käse, grob zerkrümelt

½ unbehandelte Bio-Zitrone, feiner
Schalenabrieb

¼ TL Muskatpulver

Blätterteig, 30 × 19 cm, backfertig

1 Ei, verquirlt

Salz und schwarzer Pfeffer,
frisch gemahlen

Mehl für die Arbeitsfläche

1 Backofen auf 200 °C vorheizen. Zwei Backbleche mit Backpapier belegen. Salzwasser in einem Topf zum Kochen bringen, Spinat und Schalotten hineingeben und 1 Min. blanchieren. Gut abtropfen lassen, überschüssiges Wasser ausdrücken und in eine Schüssel geben. Feta, abgeriebene Zitronenschale und Muskat dazugeben, mit Salz und Pfeffer würzen und alles gut vermischen.

2 Tiefgekühlten Blätterteig rechtzeitig auftauen. Blätterteig auf eine mit Mehl bestäubte Arbeitsfläche legen und mit einer Ausstechform (4 × 4 cm) rund 40 Quadrate ausstechen. Füllung darauf verteilen, Ränder mit verquirltem Ei einpinseln. Blätterteig zu Dreiecken falten, sodass die Füllung bedeckt ist. Ränder fest andrücken, damit nichts auslaufen kann.

3 Dreieckige Taschen auf das mit Backpapier ausgelegte Backblech setzen. Oberseiten mit verquirltem Ei bestreichen. Im vorgeheizten Backofen 15 Min. auf der unteren Schiene backen, bis der Teig gut aufgegangen und goldbraun ist. Noch warm servieren.

TATSÄCHLICHE GRÖSSE

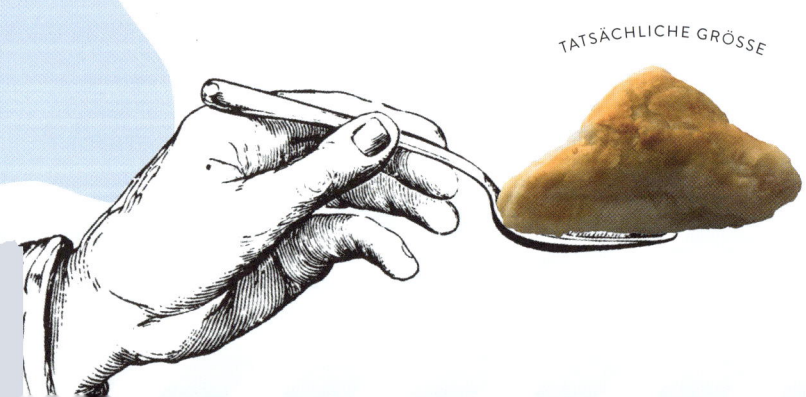

Caesar-Salad-Happen

Dieser Salatklassiker ist im Miniaturformat ein gelungener Party-Snack. Mit Knoblauchbutter bestrichenes Brot wird goldgelb gebacken und dient als croûton-ähnliche Unterlage für fein geschnittenen Salat, krossen Bacon und geriebenen Parmesan. Halbe Wachteleier machen das hübsche Bild komplett. Die Happen sehen schön aus und schmecken sensationell.

für 24 Stück

10 Scheiben Weißbrot

100 g Knoblauchbutter oder
Butter, zerlassen

1 EL Öl, z. B. Olivenöl

3 Scheiben Frühstücksspeck, in
dünne Streifen geschnitten

12 Wachteleier

1 Kopfsalat

25 g Parmesan, fein gerieben

Butter für die Form

CAESAR-SALAD-
DRESSING

1 Knoblauchzehe

2 Sardellenfilets in Öl, abgetropft

5 EL Mayonnaise

1 EL Weißweinessig

etwas Parmesan, gerieben

Salz und Pfeffer, frisch gemahlen

1 Backofen auf 160 °C vorheizen. 24 Mulden eines Mini-Muffin-blechs mit Butter einfetten. Krusten von den Weißbrotscheiben schneiden. Mit einem runden Ausstecher (4 cm Ø) aus dem Brot 24 Scheiben ausstechen, mit zerlassener Knoblauchbutter bestreichen und in die gefetteten Mulden des Muffinblechs drücken. Im vorgeheizten Backofen 10 Min. auf der mittleren Schiene goldgelb backen. Öl in einer Pfanne erhitzen, Speckscheiben darin kross anbraten. Auf Küchenpapier abtropfen und abkühlen lassen.

2 Für das Dressing Knoblauch schälen und durch eine Knoblauchpresse in eine Schüssel pressen. Sardellenfilets dazugeben und mit einer Gabel zu einer Paste zerdrücken. Mayonnaise, Essig und Parmesan hinzufügen und alles gut vermischen. Mit Salz und Pfeffer würzen. Falls es etwas zu dickflüssig sein sollte, einige Teelöffel Wasser unterrühren.

3 Wachteleier in einen Topf mit kaltem Wasser geben und das Wasser zum Kochen bringen. Direkt vom Herd nehmen. Eier unter fließendem kaltem Wasser abschrecken, pellen und halbieren.

4 Zum Anrichten grünen Salat fein schneiden und mit Caesar-Salad-Dressing beträufeln. Brotkörbchen mit grünem Salat füllen, mit etwas Parmesan und krossen Bacon-Stückchen bestreuen. Zum Schluss je ein halbes Wachtelei darauf anrichten.

TATSÄCHLICHE GRÖSSE

Pesto-Windräder

Das hübsche Gebäck erinnert an die Papierwindräder und drehenden Tischfeuerwerke aus Kindertagen und sieht absolut festlich aus. Die würzigen Teigräder sind schnell zubereitet – schließlich können Sie die Zutaten fertig kaufen. Sie müssen sie nur noch liebevoll zusammensetzen und backen. Innerhalb einer halben Stunde zaubern Sie raffinierte Canapés für Ihre Gäste.

für 50 Stück

1 Backofen auf 180 °C vorheizen. Ein Backblech mit Backpapier belegen. Blätterteig auf einer leicht mit Mehl bestäubten Arbeitsfläche 2 mm dick ausrollen. Mit einem Ausstecher (4 × 4 cm) aus dem Teig Quadrate ausstechen. Von jeder Ecke des Quadrats einen 1 cm langen Schnitt Richtung Mitte machen, sodass vier Felder entstehen. Den Rand jedes Felds mit Milch einpinseln.
2 Einen kleinen Klecks Pesto in die Mitte jedes Teigquadrats geben. Dann ausgehend von der oberen rechten Ecke im Uhrzeigersinn nacheinander je eine Ecke jedes Felds zur Mitte klappen, damit das Pesto vom Teig bedeckt ist und ein hübsches Windrad entsteht.
3 Tomatenmark in einen Spritzbeutel mit kleiner runder Spritztülle füllen. Teigoberfläche mit Milch einpinseln und dann einen kleinen Klecks Tomatenmark in die Mitte jedes Windrads spritzen. Mit getrocknetem Oregano bestreuen und die Pesto-Räder auf das vorbereitete Backblech legen. Im vorgeheizten Backofen 10 Min. auf der mittleren Schiene goldbraun und knusprig backen. Warm oder kalt servieren.

200 g Blätterteig, gekühlt oder tiefgekühlt

2 EL Milch

4 EL Pesto

5 EL Tomatenmark

getrockneter Oregano, zum Bestreuen

Mehl für die Arbeitsfläche

TATSÄCHLICHE GRÖSSE

Blini-Türmchen mit Räucherlachs

Blini sind russische Pfannkuchen und werden traditionell mit Buchweizen zubereitet und mit Kaviar serviert. Meine Variante ist etwas leichter (ich habe normales Mehl verwendet) und etwas günstiger (Kaviar habe ich durch Räucherlachs ersetzt), aber sie schmeckt genauso gut. Die Blini müssen kalt sein, bevor sie zusammengesetzt werden. Sie sind eine wirklich vielseitige Canapé-Unterlage.

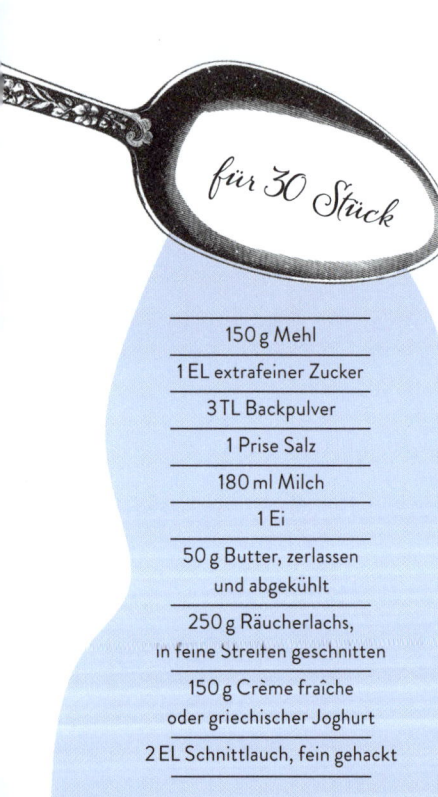

für 30 Stück

- 150 g Mehl
- 1 EL extrafeiner Zucker
- 3 TL Backpulver
- 1 Prise Salz
- 180 ml Milch
- 1 Ei
- 50 g Butter, zerlassen und abgekühlt
- 250 g Räucherlachs, in feine Streifen geschnitten
- 150 g Crème fraîche oder griechischer Joghurt
- 2 EL Schnittlauch, fein gehackt

1 Mehl, Zucker, Backpulver und Salz in einer großen Schüssel vermischen. Nach und nach zuerst Milch und Ei, dann die Hälfte der zerlassenen Butter unterrühren. Abdecken und den Teig 30 Min. kalt stellen. Dann in eine Spritzflasche umfüllen.

2 Eine große Pfanne auf mittlere Temperatur erhitzen und mit ein wenig der restlichen Butter einpinseln. Aus dem Blini-Teig kleine Pfannkuchen (2,5 cm Ø) in die Pfanne spritzen. Etwa 30 Sek. backen, bis die Unterseite leicht gebräunt ist und sich auf der Oberseite kleine Bläschen bilden. Mit einem Spatel die Blini wenden und weitere 30 Sek. backen, bis sie schön gebräunt sind. Mit den restlichen Blini ebenso verfahren und mindestens 90 Mini-Blini backen.

3 Zum Anrichten jeweils drei Blini übereinandersetzen und zwischen die zwei unteren Lagen Räucherlachs und etwas Crème fraîche oder griechischen Joghurt schichten. Auf jedes Türmchen einen Klecks Crème fraîche oder griechischen Joghurt geben und Schnittlauch darüberstreuen. Blini bis zum Servieren kühl stellen.

GUT ZU WISSEN

Mit einer Spritzflasche können Sie die Größe der Blini besser kontrollieren, denn der Teig läuft gleichmäßig heraus, bis der Pfannkuchen die gewünschte Größe erreicht hat. Wenn Sie keine Spritzflasche zur Hand haben, geben Sie den Teig mit einem Teelöffel in die Pfanne.

TATSÄCHLICHE GRÖSSE

Blätterteigmuscheln mit konfierten Zwiebeln und Ziegenkäse

Die Zubereitung der Zwiebeln für diese kleinen Blätterteig-Häppchen mag etwas aufwendig sein, doch durch den Wein und den braunen Zucker bekommen sie ein pikant-süßes Aroma, das durch den würzigen Ziegenkäse und einige Thymianblätter unterstrichen wird. Der Thymian wird fein gezupft, damit keine harten Stängel die feine Textur zerstören.

für 45 Stück

1 EL Olivenöl

1 braune Zwiebel, geschält und in feine Ringe geschnitten

1 EL brauner Zucker

5 EL Rotwein

375 g Blätterteig, backfertig

1 Ei, mit 1 EL Wasser verquirlt

75 g Ziegenkäse, in kleine Scheiben geschnitten

3 TL frische Thymianblätter

1 Stängel Thymian, zum Garnieren (nach Belieben)

Salz und schwarzer Pfeffer, frisch gemahlen

Mehl für die Arbeitsfläche

1 Backofen auf 180 °C vorheizen. Zwei Backbleche mit Backpapier belegen. Öl in einem Topf erhitzen, Zwiebeln bei geringer Hitze darin weich anschwitzen. Zucker hinzufügen, Zwiebeln weitere 5 Min. garen. Dann den Rotwein zugießen, mit Salz und Pfeffer würzen. Zwiebeln noch 5 Min. köcheln lassen, bis sie karamellisiert sind.

2 Tiefgekühlten Blätterteig rechtzeitig auftauen. Blätterteigplatte auf eine mit Mehl bestäubte Arbeitsfläche legen und mit einem runden Ausstecher (3 cm Ø) aus dem Teig 45 Scheiben ausstechen. Mit einem etwas kleineren runden Ausstecher (2,5 cm Ø) in die Teigscheiben einen Rand eindrücken. Scheiben in gleichmäßigem Abstand auf das mit Backpapier belegte Backblech setzen. Den Rand jeweils mit ein wenig verquirltem Ei einpinseln und die Teigscheiben 10 Min. im vorgeheizten Backofen auf der mittleren Schiene backen.

3 Blätterteigmuscheln aus dem Backofen nehmen und mit dem Rücken eines Teelöffels das Innere herunterdrücken. Muscheln mit karamellisierten Zwiebeln füllen. Darauf je eine kleine Scheibe Ziegenkäse setzen. Mit Thymianblättchen bestreuen und nochmals für 10 Min. zurück in den Backofen stellen. Nach Belieben zusätzlich mit einem Thymianstängel garnieren und warm oder kalt servieren.

TATSÄCHLICHE GRÖSSE

Windbeutel mit Blauschimmelkäse-Mousse

Auch wenn Sie kleine mit Sahne gefüllte Windbeutel vor Augen haben, lassen Sie sich einfach mal von dieser herzhaften Variante überzeugen. Die Windbeutel werden mit cremigem Blauschimmelkäse und fein gehacktem Schnittlauch gefüllt und avancieren so zum ultimativen Cocktail-Party-Canapé.

für 60 Stück

½ Rezeptmenge Brandteig
(s. S. 69)

**BLAUSCHIMMELKÄSE-
MOUSSE**

175 g Blauschimmelkäse

115 g Doppelrahm-Frischkäse

5 EL Sahne/Rahm

½ Bund Schnittlauch, in feine
Röllchen geschnitten

Schnittlauch zum Garnieren (nach
Belieben)

Salz und Pfeffer, frisch gemahlen

1 Backofen auf 220 °C vorheizen. Zwei Backbleche mit Backpapier belegen. Brandteig in einen Spritzbeutel mit 5 mm großer runder Spritztülle füllen. Nun 60 kleine Teigbällchen (2 cm Ø) in gleichmäßigem Abstand auf das mit Backpapier belegte Backblech spritzen. Mit einem feuchten Backpinsel die Oberseite der Bällchen glatt streichen und sie dann 10 Min. im vorgeheizten Backofen auf der mittleren Schiene backen. Backofentemperatur auf 180 °C reduzieren und für weitere 5 Min. backen, bis die Windbeutel schön knusprig sind. In die Unterseite einen kleinen Schlitz schneiden, damit die Hitze entweichen kann. Anschließend auf den Backblechen vollständig auskühlen lassen.

2 Für die Mousse den Blauschimmelkäse mit dem Doppelrahm-Frischkäse in der Küchenmaschine oder in einer Schüssel mit einem elektrischen Handrührgerät cremig rühren. Mit Salz und Pfeffer würzen. In einer zweiten Schüssel die Sahne steif schlagen und unter die Käsemischung heben. Feine Schnittlauchröllchen untermischen.

3 Zum Füllen der Windbeutel die Mousse in einen Spritzbeutel mit einer runden, 2,5 mm großen Spritztülle füllen. Die Spitze in die aufgeschlitzte Öffnung einführen und den Spritzbeutel leicht drücken, um das Innere des Windbeutels mit der Creme zu füllen. Etwas Mousse tritt aus der Öffnung aus, wenn der Windbeutel vollständig gefüllt ist. Mit den übrigen Windbeuteln genauso verfahren. Nach Belieben mit feinen Schnittlauchröllchen bestreuen.

TATSÄCHLICHE GRÖSSE

Käse-Grissini mit Paprika

Winzige Käsestangen mit rauchigem Paprikaaroma werden mit frischem Schnittlauch zusammengebunden. Eine gute Idee für Blätterteigreste! Und die Häppchen – abgesehen vom Zusammenbinden mit Schnittlauch – sind schnell zubereitet. Servieren Sie sie mit einem Gläschen Sekt oder einem anderen prickelnden Getränk.

für 50 Bündel

200 g Blätterteig, backfertig

100 g Gruyère, fein gerieben

1 EL Pimentón de la Vera dulce
(mildes spanisches geräuchertes
Paprikapulver)

1 Ei, verquirlt

2 EL Parmesan, frisch gerieben

1 Bund Schnittlauch

Mehl für die Arbeitsfläche

1 Tiefgekühlten Blätterteig rechtzeitig auftauen. Blätterteig auf einer mit Mehl bestäubten Arbeitsfläche 1,5 cm dick ausrollen. Mit einem Drittel des Gruyères und einem Drittel des Paprikapulvers gleichmäßig bestreuen und die Zutaten mit einer Teigrolle fest in den Teig einbinden.

2 Teig in der Mitte übereinanderfalten und nochmals 1,5 cm dick ausrollen. Diesen Vorgang mit den restlichen zwei Dritteln des Gruyères und des Paprikapulvers noch zweimal wiederholen. Dann den Teig zu einem 28 × 18 cm großen und 2 mm dicken Rechteck ausrollen. Die Teigplatte mit dem verquirltem Ei einpinseln und mit Parmesan bestreuen. Teig im Kühlschrank 30 Min. ruhen lassen. In der Zwischenzeit den Backofen auf 180 °C vorheizen. Ein großes Backblech mit Backpapier belegen.

3 Teig in 4 cm lange und 3 mm breite Streifen schneiden. Die Enden jedes Streifens entgegengesetzt drehen, bis der Streifen gleichmäßig verdreht ist. Auf das mit Backpapier belegte Backblech setzen und die Käsestangen im vorgeheizten Backofen 5 Min. auf der mittleren Schiene backen, bis sie goldbraun und knusprig sind. Auf dem Backblech vollständig abkühlen lassen.

4 Zum Servieren jeweils vier bis fünf Käsestangen bündeln und mit einem Schnittlauchhalm umwickeln.

TATSÄCHLICHE GRÖSSE

REGISTER

Über die Autorin

Als Fiona Pearce 2009 von Sydney nach London zog, waren Tortendekoration und Food-Styling anfangs nur ein Hobby für sie. Inspiriert vom Vintage-Trend, begann sie ihren Blog *Icing Bliss* (www.icingbliss.blogspot.com), in dem sie von ihren Abenteuern beim Backen und von ihren Streifzügen über Flohmärkte auf der Suche nach Vintage-Schätzen berichtete. Sie postete Online-Tutorials, um ihrer Leserschaft zu zeigen, wie Backen und Handarbeiten im Vintage-Stil gelingen können.
Fiona gibt im Südwesten Londons Kurse zum Tortendekorieren. Sie hat für mehrere Back- und Kreativbücher und -zeitschriften geschrieben. Dies ist ihr erstes Buch auf Deutsch.

Dank

Zuerst möchte ich allen Leuten von Ivy Press ganz herzlich danken, ganz besonders meinem Lektor Tom Kitch und Wayne Blades und Simon Daley für das hübsche Design. Ein großer Dank geht auch an meinen Projekt-Lektor Jo Richardson und an meine wunderbare Fotografin Sian Irvine und ihren Assistenten Joe Giacomet, die hart gearbeitet haben, um die kleinen Köstlichkeiten im allerbesten Licht zu präsentieren. Alles Liebe an meine wundervollen Freunde und an meine Familie für ihre Unterstützung und ein besonderer Dank an meinen Ehemann Dave, der bei dem Chaos in unserer Küche monatelang beide Augen zugedrückt hat, als ich die Rezepte ausprobierte, und mir mit Liebe zur Seite gestanden hat.